Carl Hauptmann

Die armseligen Besenbinder

Altes Märchen in fünf Akten

Carl Hauptmann: Die armseligen Besenbinder. Altes Märchen in fünf Akten

Erstdruck: Leipzig (Rowohlt), 1913. Uraufführung am 17.10.1913, Königliches Schauspielhaus, Dresden.

Neuausgabe mit einer Biographie des Autors
Herausgegeben von Karl-Maria Guth
Berlin 2017

Der Text dieser Ausgabe folgt:
Carl Hauptmann: Die armseligen Besenbinder. Leipzig: Kurt Wolff Verlag, 1913.

Die Paginierung obiger Ausgabe wird hier als Marginalie zeilengenau mitgeführt.

Umschlaggestaltung von Thomas Schultz-Overhage

Gesetzt aus der Minion Pro, 11 pt

Verlag: Henricus - Edition Deutsche Klassik GmbH
Mörchinger Str. 33, 14169 Berlin, info@henricus-verlag.de
Druck: Libri Plureos GmbH, Friedensallee 273, 22763 Hamburg

Die Ausgaben der Sammlung Hofenberg basieren auf zuverlässigen Textgrundlagen. Die Seitenkonkordanz zu anerkannten Studienausgaben machen Hofenbergtexte auch in wissenschaftlichem Zusammenhang zitierfähig.

ISBN 978-3-7437-0487-9

Bibliografische Information der Deutschen Nationalbibliothek

Die Deutsche Nationalbibliothek verzeichnet diese Publikation in der Deutschen Nationalbibliografie; detaillierte bibliografische Daten sind im Internet über www.dnb.de abrufbar.

Personen

Der alte Raschke, Besenbinder.

Die alte Raschke, seine Frau.

Der junge Raschke, Besenbinder.

Die junge Raschke, seine Frau.

Johannes Habundus.

Rapunzel, dessen Tochter.

Prinzessin Trull.

Motz Gothla.

Der Wirt Weise.

Die Wirtin.

Der Gendarm Hunnius.

Der Amtssekretär.

Der Dorfpolizist.

Christel, ein Dorfmädchen.

Zwei betreßte Diener.

Lehrer, Pastor, Kaplan, Hausdiener, Gräfin, Lehrers- und Pastorsfrau, Vornehme Leute, Dorfleute usw.

Irgendwo in einem entlegenen Gebirgsdorf hoch oben am Waldsaume in der letzten Hütte.

Erster Akt

Wenn der Vorhang aufgeht, sieht man in Tiefdunkel. Man hört draußen die Elemente brausen und heulen und orgeln. Und als wenn der Wind dazwischen noch extra auf einem Fensterloche pfiffe, mischt sich darein eine feine, schneidende, verlockend süße Geigenmelodie.

Aus dem Tiefdunkel taucht die Beine übereinander geschlagen, gegen ein Fensterkreuz sitzend, die Gestalt des Motz Gothla auf, im grünen, napoleonischen Gardefrack mit goldenen Knöpfen, das weite Hemd offen, die Lederhosen an den Fußgelenken zugebunden, hochrote, gestrickte Pantoffeln an den Knochenfüßen, hängendes, volles, schneeweißes Lockenhaar um den breiten, grundgütigen Totenkopf. Er spielt lächelnd auf seiner Geige die Totentanzmelodie.

Zu seiner Totentanzmelodie, wie ein Schemen schwebend, tanzt ein Paar herein. Ein ganz junges Ding von Dorfmädchen, die kaum sechzehnjährige Rapunzel, im Arm eines schlanken Mannes mit schlichthängendem, leicht ergrauten Braunhaar, des Johannes Habundus. Der Mann in faltigem, braunem Habit mit schwarzem Gürtel und mit schwarzen Passepoilen, die weiten Hosen, die in schwarzen Spitzschuhen stecken, von demselben braunen Zeuge, mit schwarzen Längsstreifen, einen schwarzen Spitzhut auf dem Kopfe. Und mit gepflegtem, braunem Spitzbart. Das Paar tanzt einige Runden, gegen das Tiefdunkel schwebend.

Nachdem das ganze Bild vom Dunkel wieder eingeschluckt ist, und die Geigenmelodie wie in der Ferne verschwindet, taucht langsam ein armseliger Wohnraum aus dem Tiefdunkel. Wände und Decke ganz kahl und schwarz verräuchert. In der Ecke links steht ein bis auf den Strohsack leeres Bett, halb verfallen, ein paar schwarze Lumpen als Decke drauf. In der Tiefe eine Tür. Links zwei Fenster. Der Ofen rechts in der Ecke. Um den Ofen eine Bank. Durch die Ofenritzen glüht noch der Brand. Links vorn ein zweites elendes Lager, darauf unter schmutzigen Kissen die alte Raschke schläft. Ganz vorn ein alter Schub. Neben dem Bett in der Tiefe ein verfallener Schrank. Davor mehr in die Stube hinein ein altes Gerüst von einem Sorgenstuhl und ein Berg Besenruten auf der Erde. Rechts davon an der Wand vor einer Brettbank ein alter Tisch. Ein bretterner Lehnstuhl liegt umgekehrt auf der Diele, worauf Rapunzel, die am blanken Erdboden auf schmutzigem Stroh und Lumpen und mit Lumpen zugedeckt schläft, wie auf ein Kopfkissen ihren Kopf gelegt hat. Rechts ganz vorn steht eine schmutzige, alte Kiste. Die Stube liegt jetzt einen Augenblick nur umheult vom Wintersturm.

Erste Szene

Die Tür tut sich behutsam auf, und ein ganz altes, feines, gebrechliches Frauenzimmer guckt scheu herein. Alles an ihr verschlissen und verblichen. Der große Schäferhut mit langen Bändern auf weißen, zotteligen Haaren. Den kirschroten Seidenschal hat sie kokett über Hüften und Unterarme gelegt, so daß man die eingeschnürte Figur sieht. Das Kleid in Seide mit großen, blauen Blumen reich gefaltet. Reifrock, Stöckelschuhe. Wie die Prinzessin Trull sieht, daß alles schläft, kommt sie näher.

PRINZESSIN TRULL. Ah ... ah ... guten Morgen, Herr Minister ... *Sie verbeugt sich und winkt gnädig nach allen Seiten.* Guten Morgen ... guten Morgen ... ich habe in Daunen und Seide geruht ... und Sie ... meine lieben Hofdamen ... sind noch ermüdet? ... oh ... so ermüdet ... ich blase dir Arom aus meinem Flakon ins Gesicht ... Düfte von Blumen ... Aurelie ... Düfte von Blumen ... *Sie hat ein kleines Medizinfläschchen mit einer Etikette aus der Tasche gezogen.* Du mußt erwachen ... es ist doch mein achtzehnter Jahrestag heute ... meine Fußspuren sind von Golde ... ich bin doch die Prinzessin Trull ... ich bin doch die Tochter des Königs von Araukanien ... *Die alte Raschke ist im Bett aufgefahren und starrt auf das Spiel der Prinzessin Trull.* Mein Vater ist doch Seine Majestät Orell-Anton I .... mein Vater wird Euch alle Gnade erweisen ... ich bin heute so jung ... ich bin doch so schön wie eine Tulpenblume ... und habe tausend Anbeter ... und tausend schöne Männer haben sich schon um meine Liebe das Herz durchschossen ... ich bin doch die schöne Prinzessin Trull ...

DIE ALTE RASCHKE *bricht in Lachen aus und wirft nach ihr.* Hunderttausend Esel iaaen nach dir ... du weißhaarige Vettel ... hahahaha

5

... du verwelkte Prinzessin ... mit den dürren Strähnen am Halse ... das kann ja alles einmal gewesen sein ... wenn man's glauben kann, was du erzählst ... gewesen ist gewesen ... mit Gewesenem kannst du keine Krähe füttern ... Dohle verrückte ...

PRINZESSIN TRULL. Warum stößt du mir denn meine Blumen um? ... ich werde es meinem Vater erzählen ... daß du renitent bist ... pfui ... eine Hofdame, die sich aufspielt ... laß mich nur in Ruh ... ich habe zu tun ... ich muß das Bild von Seiner Majestät, dem König von Araukanien wieder blank machen ... ich bin doch die Prinzessin Trull ...

Sie hat sich schweigend auf die Holzkiste gesetzt und beginnt ein schmutziges Bild mit einem geringen Goldrahmen zu überwischen und es eifrig zu putzen.

Ich bin doch die Prinzessin von Araukanien ...

DIE ALTE RASCHKE. Jajaja ... putz' du hübsch das verrauchte Bild von Seiner Majestät, deinem Vater, wieder ein bissel reine ... daß man wenigstens erkennen kann, daß es ein Menschengesichte ist ... denn in dem bissel Armutgemäuer werden auch die Königsbilder schwarz ...

PRINZESSIN TRULL. Ja mein Gott ... liebe Aurelie ... die Zeit geht ohne Uhren ...

DIE ALTE RASCHKE. Stör' mir das Mädel nicht mit deinem Geplapper ... nein ... großartig dieses Nachtgetümmel ... es geht wieder einmal um in den Lüften draußen ...

Sie klettert aus dem Bett heraus, huscht ans Fenster, wischt an den Scheiben herum und sieht hinaus.

Sind denn die Mannsleute noch nicht da? ... *Sie huscht zu Rapunzel.* Mädel ... mußt du nicht aufstehen ... Rapunzel ... denn wenn's die Christel etwa doch verschlafen sollte ...

RAPUNZEL *im Schlafe.* Ach ... die Christel verschläft's nicht, Großmutter ...

PRINZESSIN TRULL *immer Blick und feine, magere Hände über das Bild in ihrem Schoß gehalten.* Ja mein Gott ... liebe Aurelie ... die Zeit geht ohne Uhren ...

DIE ALTE RASCHKE *unwirsch.* Weiß der Himmel ... bei uns geht die Zeit ohne Uhren ... das muß wahr sein ... denn wir sitzen im

Königreiche vom zerbrochenen Handbecken und den unverschmierten Ofenlöchern ... übrigens scher' dich oben in deine Bodenkammer, Prinzessin ... Einliegerin bist du ... in die Stube gehörst du bei Nacht gar nicht ... *Sie ist wieder ins Bett gekrochen. Von draußen hört man durchs verhallende Sturmheulen noch immer wieder die schneidende Totentanzmelodie.*
RAPUNZEL *im Schlafe.* Ich gerate ins Lachen ... ich gerate ins Tanzen ... ich kann mich nicht halten ... ich kann mich nicht halten ...

Zweite Szene

Die Tür tut sich energisch auf.

RAPUNZEL *fährt empor und springt auf die Beine.* Ich komme ... ich komme gleich ... ist's denn schon fünfe? ...
CHRISTEL *ein armes Dorfmädchen, tritt beschneit zur Tür herein.* Eine stockbrandfinstere Nacht ... die Windsbraut rast ... der Schnee kommt wie ein Betteschütten ... alles sieht vermummt aus ... der Mensch wird rein zum Schneepopanz ... man läuft wie in dicker Watte ... und jede Spur ist gleich hin ...
RAPUNZEL *hat das Feuer im Ofen angeschürt. Danach reißt sie hastig ein paar Oberkleider vom Nagel, die an der Wand hängen.* 'runter der Kittel ... 'neingefahren ... 'runter die Jacke ... 'neingefahren ... die Haderlumpen mit Papier um die Füße, daß man sich die Zehen nicht gerade ganz erfriert ... die Kapotte über die Ohren ... das Wickeltuch noch obendrein um Hals und Schultern ... und nun weiter ... einen ordentlichen Brotkeil mit Griefen in die Futtertasche ... aufgepaßt ... die Flasche Kaffee in die Futtertasche ... oh mein Gott ... das ganze bissel Herrlichkeit' nein in die Futtertasche ... zwei Stückel Süßes ... immer 'nein in die Futtertasche ...
CHRISTEL. Die Laterne nimm mit ...
RAPUNZEL. Jaja ... daß wir in der Schlucht nicht ins Bachwasser stürzen ...
CHRISTEL. Mach', daß wir 'nauskommen ... in die tolle Winterluft ... in der Stube riecht's moderig ...
RAPUNZEL. Jaja ... gleich, gleich ... erst noch etwas andres ...

Sie geht ans Fenster, öffnet behutsam, nimmt einen kleinen Napf vom äußeren Fensterbrett auf und blickt hinein.

nämlich ... der Großvater und ich stellen immer ein Äschel mit ein paar Tröpfeln Milch draußen aufs Fensterbrett ... dafür hat der Großvater ein extra Schutzhäusel gebaut, wie fürs Wettermännel ... der Großvater behauptet nämlich, wenn der andere Sohn ... der doch mein Vater war ... etwa tot wäre ... ein Totes könnte heimfliegen aus der größten Ferne ... das schleicht dann um die Hütte ... und suppte in der Winterkälte das Milchäschel ganz aus ... da wüßte man immer gleich, daß ein Fernes tot wäre ... aber es ist wieder nicht ein Tröpfel weg von dem Bissel Milch heute ... da wird sich der Großvater sehr freuen ...

CHRISTEL. Glaubst du denn das Zeug?

RAPUNZEL *während sie das Näpfel wieder hinaus stellt und das Fenster schließt.* Nun Jesus ... warum denn nicht? ... wenn's der Großvater glaubt ... *Sie kommt wieder in die Stube zurück und bleibt an der Großmutter Bett stehen.* Vorhin im Schlafe kam's mir so vor, als wenn die Großmutter schon 'rumkröche ... aber die Großmutter schläft noch ... Christel ... Christel ... komm' doch schnell ... wenn wir auch einmal so aussehen werden ... nein, ich könnt' mich halbtot lachen ... ihre Augenlider sind ganz verquollen ... die Wimpern hat sie sich von den Augenrunzeln weggeweint ... die Großmutter seufzt und stöhnt noch im Schlafe ... siehst du ... die hat nie dran geglaubt ... nur immer ich und der Großvater ...

CHRISTEL. Warum ist denn der alte Besenbinder die Nacht nicht zu Hause?

RAPUNZEL *indem beide abgehen.* Ach ... wo soll ich das alles her wissen ... adi-ada ... Prinzessin ...

Beide ab.

Dritte Szene

Von dem Zuschlagen der Tür fährt die alte Raschke wieder im Bett auf. Sie richtet sich verstohlen auf und horcht lange. Dann klettert sie zögernd wieder aus dem Bett, schleicht Schritt um Schritt zum Fenster, wischt das Gefrorene ab und äugt aufmerksam durch die Scheibe. Dann kommt sie in die Stube zurück.

DIE ALTE RASCHKE. Scher' dich in deine Bodenkammer, Prinzessin … ich sag's dir nicht zum dritten Male … in der Besenbinderstube hast du nachts nichts zu suchen … *Sie hat Rock und Jacke übergeworfen. Es klopft leicht ans Fenster.* Gleich, gleich … *Sie geht sofort resolut zur Prinzessin Trull, ergreift sie am Arme und führt sie zur Tür.* Immer rasch jetzt … 'naus … oben auf dem Boden steht dein Lumpenbette … das Bild von deinem Königsvater kannst du ebenso gut in der Bodenkammer blankputzen, wenn du im Finstern auf der Bettkante sitzt … immer scher' dich, Prinzessin …

Sie gibt ihr einen gelinden Stoß und macht die Tür hinter ihr zu. Dann geht sie zum Ofen, holt den Kaffeetopf aus dem Röhr, stellt ihn und ein kleines Trinktöpfel daneben auf die Ofenbank. Dann geht sie ans Fenster zurück, öffnet es und spricht hinaus.

Du kannst ruhig kommen, Vater!
DER ALTE RASCHKE *ein alter, bocksbärtiger, weißhaariger, zäher Mann von zirka fünfundsiebenzig Jahren erscheint nach einer Weile noch etwas beschneit.* Die Rapunzel ist 'naus?
DIE ALTE RASCHKE *während sie ihm das Trinktöpfel vollgießt.* Jaja … Rapunzel ist 'naus … nun und du? …
DER ALTE RASCHKE. Ich wär' glücklich drinne …
DIE ALTE RASCHKE. Wo steckt denn aber um alles in der Welt der Hermann?
DER ALTE RASCHKE *während er Kaffee trinkt.* Der Sohn … der Sohn … hat einen großmächtigen Bogen gemacht … weil hinter uns doch Leute kamen … trotz der Schneehuschen hinter uns doch Leute kamen … uns immer nach bis oben an den Waldsaum … da hat er sich doch müssen in der Schneise weiter 'neindrücken … mit

seinem Blendlaternel müssen weiter in den Wald 'neindrücken ... ja ...

DIE JUNGE RASCHKE *ein rücksichtsloses derbes Weib, hoch in den Dreißigen, im Aussehen verschlumpt, erscheint geschäftig in der Stube, läuft sofort ans Röhr und beginnt mit einer Pfanne im Röhr sich zu betätigen.* Was? ... Leute kamen? ...

DIE ALTE RASCHKE. Himmlischer Vater ... Leute kamen? ...

DER ALTE RASCHKE *noch immer trinkend.* Ach ... ihr hört ja den tollen Tumult in den Lüften ... der Schneesturm schmeißt diese Nacht alle Fährten gleich wieder zu ...

DIE JUNGE RASCHKE. Ich sag' dir ... mach' dich ans Besenbinden ... du kannst doch nicht wissen ... du alter Narr ... ob die Leute nicht schließlich auf eure Schliche geraten ...

Vierte Szene

DER ALTE RASCHKE *hat sich zum Besenbinden auf den Stuhl in der Mitte niedergelassen, hat den Strick, der von der Decke halb niederhängt, aufgeknotet und befestigt das freie Ende an einer Art Trittbrett vor dem Stuhl. Dann beginnt er mit Birkenruten seine gewohnte Hantierung. Dabei spricht er.* Ja mein Gott ... gib uns zu essen, da brauchen wir nicht zu stehlen ... gib uns zu trinken, da brauchen wir kein Kellerfenster eindrücken ... gib uns Feuerholz, da brauchen wir nicht die grüne Kuh zu melken, die unser armseliges Häusel einschließt in ihren großmächtigen Schatten ... und die dem Grafen Schlösser baut ... ja ... nun also ... was kreischt du denn dort, Sohnesweib?

DIE JUNGE RASCHKE. Das ist nicht für euch ... das ist für uns ... wenn der Hermann heimkommt ...

DER ALTE RASCHKE *mit gierigem Blick, indem er seine Arbeit unterbricht.* Jaja ... ich erkenne das schon ... das ist das bissel Krähengerippe ... aber einmal muß die Wahrheit wahr sein ... ein Hase ist immer noch besser wie kein Reh ... und eine verhungerte Winterkrähe immer noch besser wie der beißende Hunger im Blute ... *Er hat sich mit gierigem Blick verstohlen erhoben.* Ich will ein Stück ... ich kann meine Gier nicht zurückhalten ... ich schlag' dich mit dem umgekehrten Äxtel auf deine Hände ... Zottel von Weib ...

DIE JUNGE RASCHKE *ringt mit ihm.* Vater ... du läßt meine Pfanne ... du läßt mein Brotstück ... du läßt das letzte Stückel Brot, was ich für Hermann aufgehoben hab' ... Mutter ... Mutter ... der Vater würgt mich ...

DIE ALTE RASCHKE *kommt mit der Wasserkanne hereingehumpelt, indes der alte Raschke dem jungen Weibe Pfanne und Brot entrissen, sich an den Tisch gesetzt hat und aus der Pfanne Fleisch und Fett auftunkt.* Jesus ... Jesus ... der Mann ist richtig behext ... der Mann ist wie tolle ... laß die Pfanne, Vater ... laß das Brot ... der Polizeimann steht auf den Stufen ...

DIE JUNGE RASCHKE *ist wieder auf den alten Besenbinder zugelaufen.* Wenn du jetzt meine Pfanne nicht aus den Händen gibst ... du altes Krummbein, das du bist ... da schneid' ich dir mit deinem eigenen Schnitzmesser die Finger vom Pfannenrande ... hahahaha ... und brate sie mit ...

Fünfte Szene

DER GENDARM *steht plötzlich vor der Schwelle, indem er die Tür aufstößt.* Nun ... was wird denn hier? ... was geht hier vor?

DIE ALTE RASCHKE. Ach, lieber Herr Wachtmeister ... der alte Mann hat den ganzen Tag nichts gegessen ... und der Hunger macht den alten Bocksbart ... oh Jemersch ... Jemersch ... der alte Mann ist fünfundsiebenzig Jahre ... und ich bin auch ein lahmes, elendes Weib ... und wir haben gehungert und gehungert ... und haben nicht gedacht, daß wir einmal würden Krähenbraten verschlingen müssen, um unser Elend stille zu machen ...

Der alte Raschke hat sich neu auf den Arbeitsstuhl gesetzt, seine Handwerkszeuge ergriffen und bindet weiter Besen, dem Gendarmen nur dann und wann gehässige Blicke zuwerfend.

DER GENDARM. So ... Krähenbraten ... das sieht sehr verlockend aus ... ich will gar nicht untersuchen, ob es nicht etwa gestohlene Tauben sind ... es sind ganz andere Dinge gestohlen worden ... es sind ganz andere Sachen vorgefallen ... nun ... Raschke ... wie ist es denn damit? ... gesteht es nur lieber gleich ...

DIE JUNGE RASCHKE. Ihr seid wohl der heilige Gottseibeiuns ... Ihr wollt wohl die Unschuldigen versuchen?

DIE ALTE RASCHKE. Oh Jemersch ... Jemersch ... der alte Mann ist fünfundsiebenzig Jahre alt geworden in diesem elenden Jammertale ... und ich bin Ihnen auch schon so alt und schwach, Herr Wachtmeister ...

DER ALTE RASCHKE. Rede nicht in den Mann ein ... der Mann beleidigt uns ... der geht uns nichts an ...

DER GENDARM. Hört mich einmal an, Raschke ... ein alter, gehässiger Schurke seid Ihr ... da kennen wir uns doch ... blickt nur einmal zurück auf Euer Leben ...

DER ALTE RASCHKE. Wer zurückblickt, wird zur Salzsäule ... lassen Sie mich in Frieden mit den Geschichten, die die Zeit längst eingeschluckt ... und der Mensch vergessen hat ...

DER GENDARM. Raschke ... Ihr habt doch noch eine Enkeltochter?

DER ALTE RASCHKE. Ein Staatsmädel ... ja ... du gibst ihm keine Antwort, Sohnesweib ... der Pastor hat sie zum Konfirmationstage bekleidet ... der Lehrer hat sie immer zum Aufwaschen der Schulstube mit zugelassen ... so brauchbar und gewissenhaft wie die war ... heute verdient sie sich ehrlich und mühsam ihr bissel Gelumpe unten in der Holzfabrik ... nun möcht' ich nur wissen, wen das was angeht, ob ich eine Enkeltochter hab' oder nicht?

DER GENDARM. Wo ist denn Euer Sohn?

DIE ALTE RASCHKE *ängstlich*. Ja ... wo ist denn der Hermann?

DIE JUNGE RASCHKE. Mag er sein, wo er will ... hier ist er nicht ...

DER GENDARM. Wißt Ihr es auch nicht, Raschke?

DER ALTE RASCHKE. Was geht mich der Sohn an?

DER GENDARM. Wo war er denn gestern abend?

DIE ALTE RASCHKE. Lieber himmlischer Vater ... war er denn gestern abend irgendwo?

DER GENDARM. Jaja ... sicherlich war er irgendwo ...

DIE JUNGE RASCHKE *frech*. Nun freilich wird er irgendwo gewesen sein ... nein, Mutter ... laß dich nur nicht mit dem Manne ein ...

DER GENDARM *weil der alte Raschke seine Hantierung unterbrochen hat und mit der Axt in der Hand gespannt dasitzt*. Raschke ... nun werde ich Ihnen was sagen ... nun legen Sie einmal erst Ihre Axt aus den Händen ... aber rasch ... ohne viel Flausen ... und legen

Sie auch Ihr Schnitzmesser aus den Händen ... immer attent ... Sie kennen mich doch ... und nun setzen Sie sich einmal dort hinter die Tischecke ... nämlich ... wenn Sie auch nur die geringsten Sprünge machen ... Sie kennen doch das Ende Ihrer gehässigen Wut ... bringen Sie sich nicht erst noch ins Zuchthaus, wo Sie das Gefängnis schon gut kennen ... ich fackle nicht lange ... hier liegen die Fesseln ...

DIE ALTE RASCHKE *wie der Besenbinder zögert.* Ach, Vater ... nein ... mach' nur ... widersetz' dich nur ja nicht ...

DIE JUNGE RASCHKE. Ich möchte nur wissen, was Sie von uns wollen? ... eine Kunst, den Alten einzuschüchtern ... wenn man einen großmächtigen Säbel an der Seite hängen hat ... und mit Ketten rasselt, die einen Bullen feste machen könnten ...

Der alte Raschke hat seinen Sitz hinter der Tischecke widerwillig eingenommen.

DER GENDARM. Nun ... rasch die Kasten auf ...

DIE ALTE RASCHKE. Du meine Himmelsgüte ... lieber Herr Wachtmeister ...

DIE JUNGE RASCHKE *am Kasten kniend und alles mögliche herauswerfend.* Hier ... hier ... Lumpen ... Lumpen ... noch was ... Lumpen ... immer nur Lumpen ... ein Bild ... man sieht nicht mehr was drauf ist ... weil wir in einer Räucherkammer leben, wo Mensch und Sache schwarz anlauft ... hier, eine Zigarrenkiste ... aber nur ein paar Pfefferkuchenbildel vom Tallsakmarkt drinne ... die Pfeffermänner haben wir schon verschlungen ... Lumpen ... immer Lumpen ... ein Schlüssel ...

DER GENDARM. Wozu ... das ist doch ein Schlüssel zu einem großen Tore oder so?

DIE JUNGE RASCHKE. Ein Schlüssel zum Himmelreich, Herr Wachtmeister ... denn sonst wüßt' ich im Augenblicke selber nicht ...

DER GENDARM. Schon gut ... schon gut ... ich sehe schon ...

Er blickt sich unschlüssig um.

Ihr habt doch oben noch eine Kammer?

DIE JUNGE RASCHKE. Ach du himmlischer Vater ... in **der** Hundehütte die Kammern ... die stehen offen wie die Kalklöcher ... daß wenigstens der Schnee und der Regen 'rein kann, wenn die Leute drinne nichts zu fressen haben ...

DER GENDARM. Kommt ... zeigt mir Eure Kammer ... nämlich ... es ist wieder einmal ein großer Einbruchsdiebstahl verübt worden ... der Keller vom Gasthause ist die vergangene Nacht ausgeraubt worden ...

DIE JUNGE RASCHKE *indem sie mit dem Gendarme verschwindet. Lachend.* In einem solchen harten Winter ... ich glaub's ...

DER ALTE RASCHKE. Das kann man gerne glauben ...

DIE JUNGE RASCHKE *im Verschwinden lachend.* Da möchten uns die großen Schinken und Leberwürste auch schmecken ... ich kann's den Leuten, die dazu Mut haben, nicht verdenken ... *Ab.*

Man hört den Gendarm und die junge Raschke über die knarrende Treppe hinauf auf den Boden trappen.

Sechste Szene

HERMANN RASCHKE *ein plumper, derber, rothaariger, affenartiger Kerl von zirka fünfundvierzig Jahren, steckt seinen pfiffigen Kopf zur Tür herein.* Vater ... Mutter ... *Er hält ein Stück Speck herein.* Seht einmal ...

DER ALTE RASCHKE. 'naus ...'naus ... der Gendarm ... oben ... auf der Bodenkammer ... auf den Zehen ... auf den Zehen ... er sucht oben ... in der Kammer ... sucht er ... sucht er ...

Der junge Raschke verschwindet sofort wieder.

Siebente Szene

Im nächsten Augenblick hört man die Tritte des Gendarm und der jungen Raschke die Treppe niedersteigen.

DER ALTE RASCHKE. Mein Gott ... mein Gott ... der dumme Junge ...

DER GENDARM *tritt wieder ein.* Nun ... man kann ja auch einmal einen Menschen fälschlich in Verdacht haben ... das ist gewiß ... der Dieb braucht ja nicht jedesmal in eurer Hütte zu wohnen ...

DIE JUNGE RASCHKE. Nun sehen Sie, Herr Gendarm ...
DER ALTE RASCHKE. Nun kommt doch der Mann wieder zu Verstande ...
DER GENDARM. Gefunden hab' ich einstweilen nichts ... auch kein Anzeichen weiter ... Gott ja ... mit dem Schlüssel ... wie steht denn das mit dem Schlüssel? ... der Schlüssel könnte ja auf die Fährte führen ... aber deshalb kann ich euch heute nichts anhaben weiter ... den Schlüssel nehme ich mit ...

Der junge Raschke tritt wie achtlos ein. Er nimmt die Mütze nicht ab.
Der Gendarm und er betrachten sich scharf und seltsam.

DER GENDARM. Ihr kennt wohl den Schlüssel auch nicht?
DER JUNGE RASCHKE *betrachtet den Schlüssel genau. Stotternd.* Das ... wird der Schlüssel ... wird der Schlüssel ... zum Keller ... zum Keller ... in der Schenke sein ... hahahaha ... wer klug fragt ... klug fragt ... dem muß man auch ... eine kluge ... eine kluge Antwort geben ... ja ...

Der Gendarm ab, indem er den Schlüssel in seine Patronentasche steckt.

Achte Szene

DER ALTE RASCHKE *indem er sich erhebt und zu seiner Hantierung humpelt, flüsternd.* Sei nicht happig, Junge ... zeig' deinen Glanz nicht so übers ganze Gesichte ... laß den Laubfrosch erst fort ... der sieht noch zu den Wänden und Fensterritzen 'rein ... und versteckt sich womöglich gar noch hinter'm Hause ...
DIE JUNGE RASCHKE *lustig.* Das werd' ich dem Grünfrosch hübsch versalzen, ihr Leute ... *Sie rennt hinaus.*
DER ALTE RASCHKE *hat seine Axt genommen und sich behaglich zum Besenbinden niedergelassen. Verhalten.* Erschlagen könnt' ich den Säbelmann ... aber bleib' du nur geruhig ... bleib' du nur geruhig noch eine Weile auf der Ofenbank sitzen ... und tue, als wenn die Ofenbank eine Leimrute wär' ... *Er arbeitet wieder.* Der Winter war zu elend ... warum sollten wir verhungern ... möcht' ich nur wissen?

DER JUNGE RASCHKE *auf der Ofenbank sitzend. Lachend flüsternd, ohne zu stottern.* Erschlagen könnt' ich den Säbelmann ... nicht bloß Eßwaren stehlen ... nun ... ich rühr' mich noch nicht ... ich klebe noch feste ...

DER ALTE RASCHKE *flüsternd.* Wo hast du denn die Ware hingelegt, Hermann? ...

DER JUNGE RASCHKE *ebenfalls flüsternd.* Auch fünf Flaschen guter Wein sind dabei ... sie stecken tief unterm Reisigzeuge ... kein Mensch kann sie finden ... jetzt, wo's neu schneit und Nacht ist ... sie sind ganz unten verschüttet ...

DER ALTE RASCHKE *seine Arbeit unterbrechend und vor sich hinstarrend.* Kalte Getränke sind selbst im tiefen Winter was Gutes ...

DER JUNGE RASCHKE *springt lustig auf, als die junge Raschke mit einer heimlichen Geste, pfiffig hereintritt.* Komm', Weib ... komm' ... zum Hange 'nunterfegen soll ihn der Sturm mit den schwarzen Schneehuschen zusammen ... den gestiebelten und gespornten Narren ...

DIE JUNGE RASCHKE *drollig unwirsch.* Ach ... zum Tanzen wär' Zeit ... der Popanz ist fort ... den zerfledert der Schneewind ... und verschüttet die Fußspur zum Dorfe 'nunter ... mach' mich nicht ungeduldig ... bring', was du hast ...

Der junge Raschke verschwindet einen Augenblick. Der alte Raschke hat sich erhoben, wetzt sein Schnitzmesser an einer Schüssel.

DIE ALTE RASCHKE. Der Wachtmeister wird doch auch wirklich fort sein, Tochter? ...

DIE JUNGE RASCHKE. Nun freilich ... nun freilich ist der fort ...

Der junge Raschke bringt einen Sack Eßwaren. Alle starren mit gierigen, lachenden Gesichtern, wie er auspackt und Verschiedenes auf den Tisch stellt. Die alte Raschke betastet manches.

DER ALTE RASCHKE *streichelt den jungen Raschke.* Nun brauchst du auch wegen dem Stückel Krähenfleisch nicht aufgebracht sein, Hermann ...

DIE JUNGE RASCHKE *lachend.* Der Vater hat sich wieder nicht halten können ... er hat dir das bissel Krähenfleisch weggegessen ...

DER JUNGE RASCHKE. Hahahaha ... ich werd' doch jetzt nicht darüber tückisch sein ... *Alle lachen.*

DIE JUNGE RASCHKE. Nun macht aber, daß es zu was wird ...
DER JUNGE RASCHKE. Es kommt schon ... es kommt schon ...
DER ALTE RASCHKE. Nur laßt ihn alles geruhig auspacken ... und hinstellen ... daß wir's ruhig ansehen ... und zuerst jetzt alles hübsch liegen lassen ... ich schlag' dir auf die Finger, Weib ...
DER JUNGE RASCHKE. Das nennt man einen Rollschinken ... das nennt man eine Leberwurst ...
DER ALTE RASCHKE. Nur riecht einmal ... nur riecht einmal ... man könnte alleine von dem Geruche umfliegen ... aber nein ... jetzt Achtung ... jetzt kommen erst die guten Geister aus der Flasche ... hier hast du den Pfropfenzieher, Hermann ...
DER JUNGE RASCHKE. Der Pfropfen steckt aber feste ... nein, Vater ...

Er müht sich und reißt den Pfropfen endlich heraus und stellt die Flasche auf den Tisch.

DER ALTE RASCHKE. Nun bist du aber, wie sich's gehört ... nun steht die Flasche da ... Mutter ... stell' einmal das Lampel hinter die Flasche ... das sieht wie leuchtendes Blut aus.
DER JUNGE RASCHKE. Immer große Stücke, Weib ... immer große Stücke, Weib ...
DIE ALTE RASCHKE. Auch weiße Semmeln bringt er mit ... nein, Junge ...
DER ALTE RASCHKE *während sich die Raschkeleute alle allmählich an der Hand fassen.* Da kann man wirklich bloß staunen, was aus der Flasche und von den frischen Schinkenstücken für Geister in die Nase steigen ... schon der Geruch ist lieblicher als guter Heugeruch auf den Sommerwiesen ... jetzt riecht nur ... nun riecht nur ... ihr lacht ja alle ... ihr lacht ja alle übers ganze Gesichte ... Ihr seid ja alle auf einmal so herzensgut zueinander ... warum denn, ihr Leute? ... ihr haltet euch ja alle so verliebt an den Händen ...
DER JUNGE RASCHKE. Gib mir einen Schmatz, Weib ... oder willst du erst dumm tun ... ich werd' dir gleich zeigen, was mir im Blute 'rumsummt ...
DER ALTE RASCHKE. Bei dem blutroten Fläschel ... und dem blutroten Schinken ... pst ... draußen geht's um ... wir stecken hoch oben am Waldsaume ... kein Mensch hört uns und sieht uns ... die Welt draußen braust ... schöner kann die Orgel nicht brausen ...

und den Gendarmen hat's längst 'nunter zu Tale geweht, als wenn die Nacht ihn mit Grabtüchern um den Kopf schlüg' ...

DER JUNGE RASCHKE. Jetzt kommt die Flasche ... jetzt kommt die Flasche ...

DER ALTE RASCHKE *hat hastig die Flasche an sich gerissen.* Ich kann mich nicht halten ... ich kann mich nicht halten ...

Er hat die Flasche angesetzt und trinkt ohne Aufhalten.

DIE JUNGE RASCHKE. Vater ... Vater ... nein, der Mann ist wie ein Wolf ... nein, Vater ...

DIE ALTE RASCHKE. Ach, lieber, guter Vater.

Der alte Raschke wehrt sich beim Trinken.

DIE ALTE RASCHKE. Ihr werdet ja sehen ... der trinkt die ganze Flasche auf einmal aus ...

DER JUNGE RASCHKE. Hahahaha ... wir haben ja mehr ... es gibt ja mehr ... *Er hat eine zweite Flasche aufgekorkt.*

Alle trinken schweigend Reih um. Zwischen den heulenden und brausenden Elementen klingt wieder schneidend die Totentanzmelodie.

DER ALTE RASCHKE *während alle selig vor sich hinstarren.* Pst ... es geht um ... es kommen Geigen ...

DIE ALTE RASCHKE. Ich esse zur Musik ... nein ihr Leute ...

DIE JUNGE RASCHKE. Es kann in dieser armen Hütte gar nicht mehr mit richtigen Dingen zugehen ... sperrt doch eure Ohren auf ... sperrt doch eure Ohren auf ...

Alle lauschen.

Neunte Szene

PRINZESSIN TRULL *steckt wie im Anfang verstohlen ihren Kopf herein und spaziert dann gewichtig in die Stube nach allen Seiten winkend und sich verbeugend.* Guten Morgen, Herr Minister ... guten Morgen, Herr Adjutant ... guten Morgen, liebe Aurelie ... oh ... es ist doch mein achtzehnter Jahrestag heute ... ach ... ich bin heute so jung ... ich bin doch so schön wie eine Tulpenblume ... ich bin doch die Tochter des Königs von Araukanien … ich bin doch die schöne Prinzessin Trull …

Alle Raschkes geraten in immer tolleres Gelächter.
Die Stube wird immer heller.
Die Totentanzmelodie ist ganz nahe gekommen.

DER ALTE RASCHKE. Es kommt ein Geiger … das muß der alte Motz Gothla sein … Die Tür fliegt auf. Es kommen auch Pfeifen … nun ja … wo ein Geiger ist, muß auch ein Pfeifer sein …

Es sind hereinspaziert der Geige spielende Motz Gothla im grünen, napoleonischen Gardefrack, mit goldenen Knöpfen, genau wie er im Auftakt des Aktes im Tiefdunkel gegen ein Fensterkreuz als Gaukelgestalt gesessen. Er streicht lächelnd die Geige. Bald darnach hinter ihm drein ein kleiner, dicker Dudelsackpfeifer, ein komischer Oboespieler, ein Harmonikamann, ein spindeldürrer Flötist, alle mit ihrer Musik die Totentanzmelodie umrankend. Allgemeines Bekomplimentieren. Es tanzen allerhand Leute noch zu Türen und Fenstern herein. So der Hausknecht aus der Dorfschenke, der Amtssekretär, der Dorfpastor, der Dorfkaplan, die Pastorin, die Pastorstöchter, der Lehrer, die Lehrersfrau. So daß eine Weile ein Tohuwabohu von Musik und Getümmel entsteht. Alles wirbelt allmählig bunt durcheinander. Bis das Bild ganz ins Schemenhafte einsinkt. Einige Leute stürzen. Lärm und Musik verhallen immer mehr. Die Bühne fällt in Tiefdunkel. Allein noch die Totentanzmelodie der Geige hört man, als wenn sie immer weiter in die Ferne zöge.

Der Vorhang fällt nicht.

Zweiter Akt

Wenn die Bühne wieder hell wird, herrscht tiefe Stille. Man sieht eine weite Bergwiese. Waldrand rechts und links vorn. Ein Hügel mit der Himmelspforte. An der Himmelspforte zwei Engel in Erz gepanzert, große Schwerter zur Seite und Spieße in den Händen. Es ist ein heller lichter Sonnentag.

Erste Szene

Der alte Raschke liegt rechts am Waldsaume, ein schweres Bund Besen auf dem Rücken, das er noch halb stehend gegen die Erde stemmt. So ist er eingeschlafen. Die Gräfin und die Frau Pastorin schreiten achtlos an ihm vorüber, den Hügel aufwärts auf die Himmelspforte zu.

DER ALTE RASCHKE *ist sofort erwacht, beginnt das Bund Besen wieder zurecht zu rücken und es sich auf seinen Rücken zu ziehen. Er redet für sich.* Nämlich … der **eine** Sohn, den ich **zuerst** mit meinem Weibe hatte … der ist ein Dieb … ein Halunke … ein Klotz … ein Einbrecher … mit **einem** Fuße stecken wir immer noch wieder in der Sünde und Schande … ja …

DIE FRAU PASTORIN *vor der Himmelspforte.* Oh, Liebe … Sie zuerst!

DIE GRÄFIN. Nur hier keine Umstände mehr, meine Liebe!

Beide ab in die Himmelspforte.

DER ALTE RASCHKE. Aber mit dem **anderen** Fuße stecken wir in der Erwartung … im Glauben … in der Hoffnung … denn was der **jüngste** Sohn war, der Johann hieß … und der uns die Rapunzel auf dem Halse gelassen … hahahaha … ich werde mich nicht erst groß aufhalten hier … immer vorwärts … jetzt bin ich nun einmal von der alten Kaluppe am Waldrande oben … bin ich fortgewandert … die noch im Schnee steckte … nun will ich weiter in die Welt wandern … und einmal sehen, ob ich nicht dem Jüngsten, dem Johannes, schon kann eine Strecke entgegenwandern … hahahaha …

und 's ist mir auch lieb, daß niemand sonst weiter dabei ist ... *Der Dorfpastor kommt im Talar vorbei.*
DER ALTE RASCHKE. Guten Morgen, Herr Pastor ...
DER DORFPASTOR. Guten Morgen, guten Morgen ...

Er schreitet würdig den Hügel hinauf. Klopft an der Himmelspforte. Es wird sogleich aufgetan. Er eilt geschäftig hinein.

DER ALTE RASCHKE. Wenn ich manchmal zu dem Pastor komme ... mit meiner Schütte Besen auf dem Rücken ... da brauchen sie keine ... da wollen sie mir bloß einen Brotkeil 'rausreichen, weil man Gesindel nicht unterstützen soll ... *Er schreit aus.* Rutenbesen ... beste Rutenbesen ... ich verkaufe unterwegs ruhig meine Rutenbesen ... *Er schleift mühsam vorwärts.*

Ein Automobil fährt an ihm vorbei, den Hügel hinauf. Der Diener gibt am Himmelstor Karten ab. Das Tor wird sofort aufgetan. Die vornehmen Leute steigen aus und verschwinden sogleich hinein.

DER ALTE RASCHKE *wieder stehen bleibend.* Wenn **das** kein Jahrmarkt ist ... hahahaha ... die Leute haben alle schöne Kleider an ... da müssen sich die Besenbinder tief verbeugen ... paßt einmal auf ... *Es gehen auch andre vornehme Leute die Straße dem Hügel zu.* Also ... Kopf 'runter ... noch tiefer ... da ... fliegt mir gleich ein Goldstück in die Hand ... gut und schön ... immer noch tiefer ... bums ... noch eins ... das ist gut für meinen Weg ... hahahaha ... wenn ich meinen jüngsten Sohn jetzt treffe ... ich glaube, ich schlage vor Freuden lang auf die Wiese hin ... und hüll' mich gleich für immer in die himmlische Ruh ...
RAPUNZEL *ist plötzlich tanzend angekommen.* Du kommst ja so gar nicht vorwärts, Großvater ... du hast ja viel zu schwer ... der Packen ist ja viel zu schwer ...
DER ALTE RASCHKE *ohne sich umzublicken.* Nun freilich ... wird er schwer sein ... leichte ist eine Haselnuß ...

Ein Zug Kinder mit Fahnen marschiert vorüber, den Hügel hinauf. Das Himmelstor tut sich auf. Sie schreiten singend hinein.

RAPUNZEL *hält plötzlich den alten Raschke am Arm fest.* Großvater ... schmeiß' deinen Besenbund auf die Waldwiese ... und setz' dich ins Gras ... und erzähl' mir wieder die Geschichte ...

DER ALTE RASCHKE *unwirsch, ohne sich aufzuhalten.* Ja, mein Gott … manche Leute haben eben eine Kuh … und manche Leute haben bloß einen Floh … *Er dreht sich plötzlich um.* Wer will von dem armseligen Besenbinder hier eine Geschichte hören? … ach so … du hast mir wohl schon geholfen, tragen? … es war auf einmal so leichte … Rapunzel … ach du bist's … *Der Dorflehrer und seine Frau gehen vorüber auf die Himmelspforte zu.* Halten Sie einmal … hören Sie einmal … Herr Lehrer … wo geht's denn hier zu? *Der Dorflehrer und seine Frau schreiten eilig durch die Himmelspforte.* Nämlich … ich bin doch im tiefen Schnee von der alten Kaluppe oben am Waldsaume fortgelaufen, um mein Bund Besen zu verhandeln … und ich komme immer höher … und's wird immer leichter … ach so … Rapunzel … nein, du bist's …

RAPUNZEL. Großvater … setz' dich auf die Wiese … und erzähl' mir wieder die Geschichte …

DER ALTE RASCHKE *während sich beide neben das Gebund Besen auf die Waldwiese setzen.* Ach du meine Güte … denn der Hermann … was mein ältester Sohn ist … der war doch immer ein Faulenzer … wenn der unter einer Traufe lag … und's Wasser tropfte ihm in einem fort in die Augen 'runter … der war doch zu faul, sich auch nur auf die andere Seite zu drehen … aber der Jüngste … der Johann hieß … das war ein wunderbarer Junge … der hat sich doch nie nichts verdrießen lassen … der hob doch jede Blume auf, die im Drecke lag … und trug sie behutsam ins Gras zurück … und jeden Regenwurm las er von der Straße weg … und trug ihn behutsam in den Graben … daß ihn die großen Viecher ja nicht zertreten sollten … und der Junge konnte einen Apfel … konnte der schon mit sechs Jahren auf der Nase balancieren … und mit vier, fünf Äpfeln konnte der in der Luft 'rumhantieren, wie der Wind mit Blättern … und hatte immer Flausen und Geschichten im Kopfe … und hatte keine Lust zum Stehlen und Hungerleiden … der traute sich gleich zu, den Diamantberg zu finden … Vater, sagt' er über mich … mein junges Weib ist tot … ich bin der Jüngste … ich zieh in die Welt 'naus … ich will das Glück suchen … ihr wartet auf mich … ich komme wieder …

RAPUNZEL. Erzähl' mir weiter … erzähl' mir auch, was er von mir sagte …

DER ALTE RASCHKE. Ihr behaltet mein Mädel bei euch ... sagt' er ... sie steckt noch in den Windeln ... ihr haltet sie mir hübsch vom Ungeziefer reine, das überall immer in der Welt 'rumkriecht ... und Ihr wartet auf mich ... ich komme wieder ...

In diesem Augenblick tanzen der junge Raschke, Prinzessin Trull und der Gendarm völlig stumm heran, wie im Ringelreigen.

RAPUNZEL *ist aufgesprungen, zwängt sich in den Ringelreigen ein und ruft, während sie vorbeikreisen und verschwinden, fortwährend im hellsten Ton.* Hallelujah ... hallelujah ... mein Vater ist morgen wieder da ... *Die Tanzenden bald ab.*

DER ALTE RASCHKE *ist wieder aufgestanden und meditiert für sich, als wenn er die Verwandlung gar nicht merkte.* Ja ... das Hemde, das nicht am zweiten dritten Tage schmutzig wird und mit der Zeit verschleißt, soll noch gewebt werden ... aber mein Vertrauen ... und meine Erwartung ... und mein Glaube ... ist immer ganz reine geblieben ... wie die Rapunzel selber ... und die Rapunzel ist so reine geblieben wie das Schweißtüchlein der Gottesmutter ... wie das weißeste Wolkenfleckel am Himmel dort oben ... denn Johann sagte ausdrücklich über mich ... ihr haltet mir das Mädel hübsch vom Ungeziefer reine ... und ihr wartet auf mich ... verlaß dich auf mich, Vater ... ich komme wieder ...

Ein Dorfkaplan mit ein paar Chorknaben kommt vorüber.

DER ALTE RASCHKE *reißt sich seinen Besenkram wieder auf den Rücken.* Halten Sie einmal ... erlauben Sie einmal ... Herr Kaplan ... der Mann will nicht hören ... der hat's zu eilig ... nun ... ich muß auch weiter ... *Er schlürft mit seinen Besen vorwärts und schreit wieder.* Rutenbesen ... beste Rutenbesen ... ich werde jetzt einmal dort oben an die Pforte pochen ...

Der Hausknecht aus der Schenke geht in Sonntagskleidern an ihm vorüber.

DER ALTE RASCHKE *will ihm nach.* Sie ... Hausknecht ... haben Sie nicht meinen jüngsten Sohn ... den Johann gesehen? ...

Wie der Hausknecht in das Himmelstor verschwindet, klingt die alte Totentanzmelodie mit allerhand sonderbaren Stimmen und Instrumen-

ten bereichert heraus. *Der ganze Plan vor dem Himmelstor ist sonst leer. Nur die alte Raschke, jetzt mit frischem, rotfarbenen Gesicht, in blauem Rocke und hellerer Schürze, eine große Kiepe voll umgestürzter, ineinander geschobener Körbe auf dem Rücken, in der linken Hand einen Stab mit einer Krücke, den sie am Fußende gefaßt hält, in der rechten eine Weinflasche schwingend, kommt von de Gegenseite toll lachend über die Frühlingswiese getanzt.*

DER ALTE RASCHKE *ganz erschrocken. Er will ihr nacheilen.* Nein, Mutter ... nein, Mutter ... die Rotweinflasche fort ... die Rotweinflasche fort ... was sollen denn die Leute hier denken ... was sollen denn die Leute hier denken ... wenn wir Schenkkellerflaschen in der Luft 'rumschwingen? ...

In diesem Augenblick sammelt sich plötzlich aus allen Ecken und Enden armseliges Dorfgesindel, das zuerst ganz leise durcheinander kichert. Alles grau wie die Motten. Die alte Raschke umtanzt fortwährend in der Mitte den alten Besenbinder.

DER ALTE RASCHKE. Himmel und Hölle ... deine Kleider, Mutter ... man muß sich ja schämen ... wenn ein züchtiges Weib auch einen Tanz macht, braucht sie doch nicht gleich die Lumpen zu schwingen wie Fahnen im Winde ...

DAS ARMSELIGE DORFGESINDEL *das immer lauter durcheinander kichert, hat den alten, atemlosen Raschke ganz umringt, wobei die alte Raschke verschwunden ist. Das Kichern geht allmählich in einen Choral über.*
    Besen ... aus Birken ...
    hast du gebunden ...
    deiner Arbeit Lohn
    hast du gefunden ...
    Drinnen im Himmelreich
    sind alle Besen gleich ...
    Ruten aus Golde
    schimmern gar holde ...

Der alte Raschke immer ängstlicher um sich blickend und eilig die Ruten abwerfend.

EINER AUS DEM GESINDEL *ruft.* Der Amtssekretär von Schreiberhau … der Amtssekretär von Schreiberhau …

Der Ruf pflanzt sich durch das ganze Gesindel fort, so daß alles wild durcheinander stiebt und sofort verschwindet. Unterdessen nun hinter dem Himmelstor lauter, wie Jubilieren die alte Geigenmelodie mit Stimmen und Instrumenten herausklingt.
Der Amtssekretär schreitet langsam den Hügel hinauf.

DER ALTE RASCHKE *humpelt ihm eilig nach.* Herr Amtssekretär … Herr Amtssekretär … Hilfe, Herr Amtssekretär … *Der Amtssekretär bleibt plötzlich vor dem Tore mit verschränkten Armen stehen, ohne sich umzudrehen.* Hilfe, Herr Amtssekretär … Sie haben hier die Pflicht … ich bin ein alter, gebrechlicher Mann … ich trage eine schwere Lebenslast …

DER AMTSSEKRETÄR *hat sich wie eine Puppe umgedreht und beginnt sich fortwährend vor dem alten Raschke drollig zu verneigen.* Bitte, bitte … bitte, bitte …

DER ALTE RASCHKE *aufgeregt.* Wo bin ich denn hier? … wo bin ich denn hier … ich bin wohl vorm gräflichen Schlosse oder so? …

DER AMTSSEKRETÄR *mit der pagodischen Geste.* Viel höher, Herr Besenbinder …

DER ALTE RASCHKE. Nicht vorm gräflichen Schlosse? …

DER AMTSSEKRETÄR *gewichtig.* Herr Besenbinder …

DER ALTE RASCHKE. Wo ist denn der Torschließer? … *Er hat ein paarmal heftig an die Tür geschlagen.* Ich werde das ganze, elende bissel Gerüste von Türe gleich auf der Stelle einschlagen, wenn er nicht kommt … *Er hat aufbrausend aus seinem Besenbund plötzlich die Axt herausgerissen, und fängt an, mit der Axt auf das Tor loszuschlagen.* Die Leute sollen nicht denken, daß hier draußen Spitzbuben warten …

Von verschiedenen Seiten eilen Rapunzel, der junge Raschke, die junge Raschke und die alte Raschke herzu.

DIE ALTE RASCHKE *redet hastig in den Alten ein.* Vater … du läßt das … du läßt das … du tust dir Gewalt an … du wirst dir wieder grade im letzten Augenblick aus Wut den Suppentopf verschütten … du zerschlägst die Pforte … du zerschlägst die Pforte …

DER AMTSSEKRETÄR *brüllt ihn an.* Herr Besenbinder ... Herr Besenbinder!

DER ALTE RASCHKE *läßt nicht ab.* Nun ... was soll der Herr Besenbinder? ... immer aufgemacht ... immer aufgemacht! *Plötzlich springt das Tor auf, und es steht der Apostel Petrus als große Kirchenfigur in dem Tore.* Ja ... wo wär' ich denn hier?

DER APOSTEL PETRUS *ganz feierlich.* Die dort arm waren, sollen hier reich werden ...

In diesem Augenblick beginnt wieder das Kichern des Dorfgesindels, das von allen Seiten neu herzuhuscht, um den Apostel Petrus sich schart und im Hintergrund verschwindet. Aber es kommen fortwährend neue Scharen nachgedrängt, die den Raum hinter dem Tor ganz ausfüllen.

DER AMTSSEKRETÄR *nimmt eine strenge Amtsmiene an und sagt mit Haltung.* Bitte ... Herr Besenbinder ...

Er macht eine hinweisende Geste, einzutreten. Das kichernde Dorfgesindel beginnt von allen Seiten neu herzu zu strömen und ihn mit sich zu drängen, indem das Kichern wieder in den Choral übergeht.

> Besen ... aus Birken ...
> hast du gebunden ...
> deiner Arbeit Lohn
> hast du gefunden ...
> Drinnen im Himmelreich
> sind alle Besen gleich ...
> Ruten aus Golde
> schimmern gar holde ...

Von innen aus dem Tore schreiten jetzt bis zum Amtssekretär, der Gendarm, der Kaplan, der Pastor und der Polizist. Diese Vier haben sich vor dem Tor rechts und links aufgestellt und strecken je ihre rechte Hand aus.

DER ALTE RASCHKE. Also ... nun 'rein in die Invaliditätsanstalt ... zeigt eure Karten vor ... ihr Leute ...

DIE VIER BEAMTEN *nach allen Seiten visitierend.* Bitte, bitte ... jawohl ... jawohl ... das stimmt durchaus ... Ihr habt genug geklebt ...

DER AMTSSEKRETÄR *zum alten Raschke, während die junge Raschke mit ihrem Manne schon neugierig hinter anderen Dorfleuten in die Himmelspforte eintreten.* Ihre Frau hat wenigstens den Heimatschein … jawohl … in diesem Falle genügt das …

DER ALTE RASCHKE *packt seine Karten wieder in seine Rocktasche, rührt sich nicht vom Fleck, auch wie ihn andere Dorfleute mit fortdrängen wollen.* Immer halt noch … nur nicht gar so happig … das ist niemals gut im Leben … und der Himmel läuft uns am allerwenigsten fort … erst ist jetzt hier die wichtigste Frage zu beantworten … Herr Amtssekretär …

DER AMTSSEKRETÄR *während nun die vier Beamten nur noch allein um den alten Besenbinder stehen.* Bitte, bitte, Herr Besenbinder …

DER ALTE RASCHKE. Wie steht denn das aber mit meinem jüngsten Sohne … mit dem Johann?

DER AMTSSEKRETÄR. Wieso, Herr Besenbinder? …

DER ALTE RASCHKE. Wenn der Johann jetzt heimkommt?

DER AMTSSEKRETÄR. Der schon längst verschollen ist?

DER ALTE RASCHKE. Jawohl … der schon längst verschollen ist … der über mich sagte … Vater, sagt' er über mich … mein junges Weib ist tot … Ihr behaltet mein Mädel bei euch … die steckt noch in den Windeln … ihr haltet sie mir hübsch vom Ungeziefer reine … ich zieh' 'naus in die Fremde …

DER AMTSSEKRETÄR SCHARF. Was zum Teufel hatte er denn in der Fremde eigentlich zu suchen? …

DER ALTE RASCHKE *schon gereizt.* Ach … ganz egal … Vater, sagt' er über mich … ich trau' mir zu, den Diamantberg zu finden … ich werde das Glück schon auftreiben … Ihr wartet auf mich … verlaß dich auf mich, Vater … ich komme wieder …

DER AMTSSEKRETÄR *scharf.* Nun? … ist denn dieser Vagabund wenigstens endlich in die Heimat zurückgekehrt? …

DER ALTE RASCHKE *schreit heraus.* Unsinn … wenn er in die Heimat zurückgekehrt wär', das müßte ich doch zuerst wissen … ich bin doch der Vater …

DER AMTSSEKRETÄR. Ach … Sie alter Narr … lassen Sie doch diesen höchst zweifelhaften Kumpan, wo der Pfeffer wächst …

DER ALTE RASCHKE. Fort hier … fort hier … Hilfe … ich will erwachen … ich will nicht in die Pforte gehen … ich will erwachen

... ich will meinen Jungen erwarten ... ich habe keine Freude Himmels und der Erden ...

Der Raum verdunkelt sich während seiner Worte almählich vollkommen. Die nur noch ganz feine Himmelsmusik, die nur das Totentanzmotiv selig umspann, geht ins unheimliche Heulen der Elemente über, und es taucht der verräucherte Wohnraum langsam aus dem Dunkel. Man sieht die vier Raschkeleute in verschiedenen Stellungen am Tisch, auf Bett und am Boden hingelümmelt schlafen.

PRINZESSIN TRULL *sitzt wieder auf ihrer Kiste. Wie sie den alten Raschke im Schlafe stöhnen hört verbirgt sie das Bild eilig unter ihrem Tuch, erhebt sich und tänzelt wieder durch den Raum.* Guten Morgen ... guten Morgen, Herr Minister ... guten Morgen, liebe Hofdamen ... ich bin die Prinzessin von Araukanien ... bitte reiben Sie sich die Augen wach ... es ist ein heller Wintertag draußen ... feine Silberflocken tanzen in der Eisluft ...

Der Vorhang fällt.

Dritter Akt

Dorfkretscham. Niedrige Wirtsstube, groß. Eine plumpe Holzgalerie. Oben sitzen Dorfmusikanten. Dorfleute tanzen um die Säule. Im Schenksims steht der Wirt beschäftigt. Die Wirtin wäscht im Schenksims Gläser. Am Schenksims steht der Gendarm und unterhält sich mit dem Wirt. Sie müssen lauter schreien, um die Musik zu übertönen. Unter den Tanzenden auch der Polizist.

Erste Szene

DER WIRT. Den Mann kann ich nicht begreifen ... der Mann hat doch noch nicht ein einziges Wort mit unsereinem gesprochen ... der Mann kommt mir gerade vor, als wenn er vor Schreck oder so die Sprache verloren hätte ...

DER GENDARM. Wo steckt er denn jetzt?

DER WIRT. Draußen im Hausflur steht er ... auf der Hausschwelle ...

DIE WIRTIN *gibt dazu.* Und hält ein paar Dorfmädeln einen Goldring hin ...

DER GENDARM. Er hätte die Sprache verloren ... vielleicht vor Verwunderung ...

DER WIRT. Das könnte auch sein ... aber über was tät' er sich denn in unserem Dorfe so verwundern?

DER GENDARM. Vielleicht über die stechende Kälte bei uns ... oder über den tiefen Schnee ... wenn einer Anlage hat sich zu verwundern, der wundert sich über jede rote Ebereschbeere, die die Stieglitze auf den Schneeweg schmeißen ...

DER WIRT. Nein, nein ... so sieht der nicht aus ... de Mann ist nicht aus Europa ... der Mann kommt von weit her ...

DER GENDARM. Wieso? ... woher denn?

DER WIRT. Der Mann ist kein Dorfbarbier oder gar ein armseliger Besenbinder ... der Mann hat eine Adlernase ... und sieht einen an, als wenn der in der Wüste die Springhasen mit den Händen fangen könnte ... so scharfe Augen macht der ...

DER GENDARM. Wenn kam er denn?

DER WIRT. Gestern abend spät ... aber gleich mit Sack und Pack ... gleich mit Kisten und Kasten ... wie große Herren reisen ... und tat schon gleich zuerst, als wenn wir kleinen Leute um ihn alles Flöhe wären ... der Livreediener riß ihm sofort im Hause seine Pelzkapuze 'runter ... sprang ihm in die Wirtsstube nach ... und tat überhaupt, was eben ein Diener von einem solchen großen Herrn tun muß ... nahm ihm gleich den großen Eisbärpelz ab ... nahm ihm gleich die große Ledertasche aus den Händen ... das heißt beileibe durfte sich keiner von uns unterstehen, den Mann anzurühren ... der Diener schmiß uns allen einen einzigen Blick zu ... aber der Blick sagte alles ... wir sind richtig die ganze Nacht auf Zehen gelaufen ... und haben getan, wie wenn wir einen Toten im Hause hätten ... aber der Mann ist nicht tot ... der scheint mehr wie lebendig ... dem steht der Mut und das Leben im Gesichte geschrieben ... trotz der langen, grauen Haare, die ihm in den Hals hängen ...

Zweite Szene

Der Fremde erscheint, genau so angetan mit faltigem, braunem Habit usw., wie die Gaukelgestalt des Johannes Habundus im Auftakt des ersten Aktes. Wie er den Schenksaal betritt und blinzelnd unter die Tanzenden blickt, setzt die Musik sofort aus, und die Tanzenden machen scheu und ehrerbietig Platz.

DER WIRT *geht dem Fremden sofort entgegen.* Haben Sie denn die Nacht schlafen können, gnädiger Herr? ... ich habe mich nämlich den ganzen Tag noch nicht getraut, Sie danach zu fragen ... weil ich immer dachte, daß Sie nicht gefragt sein wollten ...
DER FREMDE *achtlos und in die Betrachtung seiner Lage vertieft.* Ich war die Nacht gar nicht im Hause ...
DER WIRT. Aber, gnädiger Herr ... wo waren Sie denn sonst?
DER FREMDE. Wo man ist, wenn man die Augen fest zuschließt und fortfliegt ... der eine liegt freilich dabei nur immer tot in seinem Bette ... aber der andere ist unterdessen unter hellbraunen Lachtauben ... hört ihr feines Gelächter ... und fliegt hoch ...
DER WIRT *mitleidig.* Sie waren aber doch gut zugedeckt ... Minna ... vielleicht war dem Herrn im Bette zu kalt ... wir haben doch einen tollen Winter heuer ...

Der Fremde kommt lässig in das Zimmer herein, während das Bauervolk neugierig an den Wänden herumsteht und sitzt, und winkt herrisch dem Gendarmen.

DER GENDARM *springt sofort herzu.* Zu Befehl, gnädiger Herr ... was wär' denn dem gnädigen Herrn gefällig? ...

Der Fremde blickt ihn nur eine Weile sonderbar an und schweigt. Unterdessen war ein Livreediener, eine weiße Seidendecke und Goldgeschirre tragend, an dem kleinen Tisch vorn in der Ecke erschienen, der an sich schon sauber gedeckt dasteht. Während ein andrer Diener sich abwartend hinter den Stuhl stellt.

DER EINE DIENER *leise zur Wirtin, die auch herzueilt.* Nur fort mit dem armseligen Krame ... nur fort mit den tönernen Gefäßen und Krügen ... Gnaden speisen nur von Seide und von Golde ...

DER FREMDE *zum Gendarm, wie wiedererwachend.* Wie heißen denn die beiden gerupften Paradiesvögel, die draußen im Hause stehen ... und immer fort sehnsüchtig hereinlugen ...

DER GENDARM *ohne zu hören. Er besieht nur immer staunender das Gedeck, was der Diener herrichtet.* Nein ... sagen Sie bloß ... gnädiger Herr ... wo haben Sie denn den kostbaren, goldenen Becher her? ... beim Grafen in Warmbrunn könnte eine Tafel nicht funkelnder schimmern ...

DER FREMDE *hat sich ganz achtlos am Tischchen niedergelassen.* Ja ... ich ging einmal mein Pferd suchen ... es war gleich hinter der Stadt Katania ... nicht weit vom Fegefeuer ... die letzte Strecke war ich in sehr scharfem Trabe geritten ... bitte ... wollen Sie nicht mit mir speisen, Herr Wachtmeister?

DER GENDARM *in einer gewissen Verlegenheit.* So was kommt in unserem Dorfe nicht oft vor ... hier sind die Leute froh, wenn sie auf irdenen Gefäßen was zu leben haben ... *Der Fremde lädt den Gendarmen mit einem herrischen Wink ein, Platz zu nehmen.* Jemersch, Jemersch ... das wäre doch zu viel, gnädiger Herr ...

DER FREMDE. Das Pferd war mir nämlich zugelaufen ...

DER GENDARM. Das Pferd war Ihnen zugelaufen, sagen Sie? ... na, na ... Pferde rennen doch einem Fremden nicht gleich wies Wasser in die hohle Hand ...

DER FREMDE. Wie es jedem zusteht ... darüber müssen Sie das Glück fragen ...

DER GENDARM. Jajajajaja ... nein, aber ... ich bitte Sie ...

DER FREMDE. Ja ... so war es ... das Pferd war mir zugelaufen ... wie das Glück unversehens aus dem blauen Himmel geflogen kommt ... und ebenso plötzlich wieder fort ist ... so war es mir auch mit dem Pferde gegangen ... denn wie gesagt ... eines Morgens war das Pferd fort ... ich konnte es nirgend mehr finden ... aber ich dachte natürlich gleich, ich werde das Pferd suchen ... wo ich es finde, da muß das Land sein, wo das Glück zu Hause ist ...

DER WIRT *vom Schenksims aus.* Ja ... weiß Gott ... gnädiger Herr ... die Rechnung könnte stimmen ...

DER FREMDE. Nun also ... obwohl ich nun zunächst wieder auf meinen Beinen leben mußte, kam ich schließlich doch an die Stadt mit einer eisernen Mauer ... und dort klopfte ich und fragte, ob die Leute nicht mein Pferd gesehen ... aber die meisten begriffen gar nicht, was ich fragte ... ein jeder war von dem eigenen Geschäfte ganz blind und taub ... nur alle wiesen mich an ihren König ...

DER GENDARM. Und Seine Majestät den König selber fragten Sie, wo Ihr entlaufenes Pferd wäre?

DER FREMDE. Nein ... zuerst schritt ich durch hellerlichte Säle ... da standen in der Mitte Tafeln mit den leckersten Speisen bebürdet ... aber ich aß nichts ... und dann kam ich in ein düsterleuchtendes Gewölbe ... dessen Wände wie Rubine zu schimmern schienen ... und wo ein köstliches Bett mit Seidendaunen in der Mitte aufgestellt war ... aber ich blieb wach ... ich mochte nicht schlafen ... ich hatte nicht einmal die Augen zu ... im Gegenteil ... ich hörte so scharf wie mit Mäuseohren die heimlichsten Geräusche ... und ich sah so scharf wie mit Schlangenaugen in die entlegensten Winkel ... und der König hörte meine Blicke wie Mäuschen, die an seinen Burgbalken nagten ... und was mir in die Ohren eindrang, hörte der König, als wie wenn tausend kleine Bäche in einen See raunen ... da bekam der König Angst ... ließ mein Pferd aus seinem Stalle holen ... und gab mir den goldenen Becher als Reisegeschenk ... *Er öffnet den Deckel des Bechers, da schlägt eine Flamme heraus, die sogleich wieder einsinkt.* Wenn ich den Becher in den Schnee werfe, verbrennt der Schnee ... und der Frühling kommt ...

DER GENDARM. Paperlapap ... paperlapap ... Sie denken, wir sind Dorfleute ... Sie wollen die Dummen auf die Sumpfwiesen nach Beifuß schicken ... sagen Sie einmal ... wo kommen Sie denn bloß her? ...

DER FREMDE *blinzelnd und lächelnd.* Von dem Rabengebirge ... wo die Mammutdiamanten im Sande liegen, wie vom Himmel gefallene Sterne ... und wo der Schluchtenteufel in den Abgründen sein Lied brüllt Tag und Nacht ...

DER GENDARM. Nein, nein, nein, nein ... Ihnen könnte man es schließlich glauben ... wenn es nur wahr wäre ... aber sagen Sie mir nur ... wie sind Sie denn bloß bis dahin durchgedrungen? ...

Dritte Szene

Rapunzel und Christel haben sich scheu durch die Tür hereingedrückt. Sie sind besonders adrett angezogen. Sie horchen sogleich gespannt wie die andern.

DER FREMDE *redet achtlos weiter.* Übrigens ... wenn die eiserne Stadt die Glücksstadt war, so war es nur gut, daß ich mir dort weder den Magen überfüllte, noch in den Eiderdaunen einschlief ... denn dann wäre es um die Weiterreise nichts gewesen ... aber ... daß ich immer scharf hörte und lüstern sah und nicht nachließ, hat mich aus den eisernen Mauern und aus den eisernen Ketten des Glückes überall heil herausgebracht ... Sie sehen, Herr Wachtmeister ... ich lebe noch immer wie ein Bettelmann ... ich esse zwar von goldenen Schüsseln ... aber es liegt nur trockenes Brot darauf ... und ich trinke aus dem goldenen Becher ... aber nur kaltes, frisches Wasser ... und was sich ein Mensch wirklich erobern will, dazu kann er keine Diener schicken ... ich könnte auch mit sechs Feuerpferden fahren ... warum denn nicht? ... *Er schweigt eine Weile.*

EIN BAUER *leise zu einem anderen.* Sechs Feuerpferde kann sich der Mann halten ...

DER FREMDE. Ja ... ich habe heute sogar zwanzig ... aber damals hatte ich nur das eine, das mir zugelaufen war ... und auf dem einen bin ich weitergeritten bis in die Wüste von Arizona ... und dort habe ich gefunden, was ich suchen ging ...

DER GENDARM. Bis nach Arizona! ... mein Herr ... wußten Sie denn den Weg dorthin?
DER FREMDE. Zu was brauchte ich den Weg zu wissen ... das Pferd trug mich ja ...
DER GENDARM. Ja ... Gott Strambach ... woher konnte denn aber das Pferd den Weg wissen? ...
DER FREMDE. Da müssen Sie das Glück fragen ... das Pferd fand den Weg ... mitten unter Dunstwolken sah ich den Hügel ... und sprengte hinauf ... und sprach kein Wort ... und sah weit in die Ebene ... bis zum fernen Horizonte ... da lagen Zelte ... die Mokileute wohnten am Wüstenrande ... die kamen herzu und erzählten ... das wäre der Hügel ... vor dreitausend Jahren hätte der große Geist den Horden in der Wüste eine Feuerkugel vom Himmel herniedergesandt ... sie kam mit Dröhnen und Donnern und Brausen ... eben wie wenn eine ganze Erde eine Reise macht ... und eine Wolke voll wilder Strudel mitfährt ... und die Kugel ist wie ein sicheres Geschoß der Erde tief in den Leib gedrungen ... ganz darin versunken ... ja ... und ich schlenderte dann ganz einsam an den Kanten des Höhlenkessels herum ... während mein Pferd die dürftigen Stachelstauden der Wüste benagte ... da sah ich es im Geröll liegen ... die unzähligen abgesplitterten Kleinode ... die lagen im Sande und funkelten schon am Tage ... aber noch herrlicher in der Nacht, wenn die einsame Wüste träumte ... und die großen Sterne drüber flimmerten ... *Er beginnt für sich zu essen.*

Vierte Szene

Die Musik beginnt neu.

EINER DER BAUERN *zum anderen.* Das ist ein Betrüger ...

Der Gendarm beginnt kopfschüttelnd auch von dem Goldteller zu essen.
Die Bauern beginnen wieder zu tanzen.

DER GENDARM *schüttelt den Kopf. Dann besieht er den Fremden von der Seite und springt auf.* Ach ... wenn's auch schmeckt wie der schönste Kuchen ... von Goldtellern, das paßt nicht für unsereinen ... ich bin der Dorfgendarm ... komm', Rapunzel ... nämlich ...

die Sache ist mir richtig ins Blut gefahren ... ein hübsches Mädel bleibst du doch ... wenn du auch der Besenbinderleute Enkeltochter bist ... komm', wir tanzen ...

RAPUNZEL *schüchtern*. Jesus ... nun ... mit Ihnen meinetwegen ...

Alle wirbeln durcheinander.

RAPUNZEL *beim Tanze*. Wer ist denn der Fremde?

DER GENDARM *beim Tanze*. Ein Rehbock, der auf dem Wasser laufen kann ... und speist auf goldenen Tellern ...

RAPUNZEL. Ach ... das werden wohl messingene sein ...

DER GENDARM *beim Tanze*. Und erzählt uns Seifenblasen ... und will uns vorreden, es wären Gänseeier und Pflaumen ... hält uns für Stockfische ... oder für Hundsdreck ...

RAPUNZEL *beim Tanze*. Wenn ich nur wüßte, wie ich mich heute hier 'reingewagt habe? ...

DER GENDARM *beim Tanze*. Du kommst doch jetzt in die Jahre, wo du auch der Tanzmusik nachrennst ...

RAPUNZEL *beim Tanze*. Jawohl ... ich werde bald siebzehn ...

DER GENDARM *beim Tanze*. Aber tanzen kannst du schon, als hättest du Flügelfüße ...

RAPUNZEL *beim Tanze*. Das kommt bloß, weil ich im Traume noch viel schöner tanzen kann ...

DER GENDARM *beim Tanze*. Ihr seid nun einmal eine verdrehte Gesellschaft in eurer elenden Komurke da oben ...

RAPUNZEL *beim Tanze*. Mein Gott ... wenn bloß der Großvater wüßte, daß ich im Schenkhaus tanze ...

DER GENDARM *beim Tanze*. Der alte Schleichfuchs von Besenbinder kommt in **die** Schenkstube **nicht,** solange der Gendarm drinne ist ...

Er führt sie an die Tür zurück, wo sie gestanden hatte, weil die Musik neu verstummt.

RAPUNZEL *ihm den galanten Händedruck erwidernd*. Sie verläumderischer Kerl Sie ...

Fünfte Szene

DIE WIRTIN *greift, wie sie bei Rapunzel vorübergeht, von hinten nach deren Schultertuch.* Nanu ... was ist denn das? ... was ist denn das für ein Tüchel?

Rapunzel steht da und hält das Tuch, was sie um die Schultern hat, mit beiden Händen fest.

DIE WIRTIN. Was hat denn dieses nichtsnutzige Frauvolk um die Schultern?
EIN BAUERNBURSCHE *ruft.* Was wird denn die anderes haben?
EIN ANDERER BURSCHE. Gestohlen hat die sicher das Tüchel ...
DIE WIRTIN. Weise ... komm' doch einmal rasch ... sag' du's einmal dem Diebsvolk ins Gesichte ... und sag's auch vor allen Leuten dem Wachtmeister ins Gesichte 'nein ... daß er endlich einmal die Augen aufreißt ...
DER WIRT. Ach, Minna ... zuerst läßt du das Mädel los ...
DIE WIRTIN. Aber das Tüchel laß ich nicht los ... denn das ist mein Seidentüchel ...
RAPUNZEL *plötzlich gehässig, bleckt der Wirtin die Zunge.* Wessen sollte das Seidentüchel sein ... häh?

Der Fremde blinzelt achtlos vor sich hin.

DIE WIRTIN. Nun haben Sie's endlich, Herr Gendarm ... nun werden Sie's wohl schließlich doch glauben, daß kein anderer Mensch hier in der Schenke jemals den Einbruch verübt hat ...
RAPUNZEL. Anspucken thu' ich Euch, wenn Ihr mir noch einmal nahe kommt!

Der Fremde richtet jetzt seinen Kopf hoch und sieht Rapunzel blinzelnd an, während der Diener ein kostbares Kästchen herzuschiebt.

DER WIRT. Sie müssen nämlich wissen, gnädiger Herr ... wenn ich's Ihnen genau erzählen soll ... ich kann's Ihnen gerade 'naus sagen ... es handelt sich um Gesindel, um Spitzbuben und Halunken ... mein Gott ... böse sind die Leute gar nicht ... aber es ist schlechtes Zeug ... und der Winter ... dieser Winter war auch schlecht ... und die Arbeit ... Gott ja ... was man mit Besenbinden so verdienen kann ... hauptsächlich müssen sie im Bette liegen, weil doch das Licht und die Kohle zu viel Geld kosten ... und da stehlen sie eben, wenn's Nacht ist ... da haben wir schon das Blendlaternel gefunden ... der Friedrich behauptet steif und feste, er hätte genau gesehen, wie's dem jungen Kerle unterm Rocke wegrutschte und in den tiefen Schnee fiel ... man weiß ja nicht ganz genau ... aber hier nämlich ... deshalb ist der Auflauf ... entschuldigen Sie nur freundlich, daß die Leute Sie stören ... aber das Tüchel ... das Tüchel ... hat noch vorigen Sonnabend hier im Schenksims am Haken gehangen ... und in der Sonnabendnacht hat eine Herde Weinflaschen und Würste und Rollschinken ... und alles mögliche ... und auch das Tüchel hat mitten im Schneesturm, wo man keine Scheibe klirren hört ... hat das alles Füße gekriegt ... Sie verstehen schon ...

Rapunzel bedeckt sich mit dem Tuche das Gesicht.

DER GENDARM. 'runter mit dem Tuch ... das Tuch gibst du überhaupt her ...

RAPUNZEL *kämpft darum.* Nein ... nein ... um keinen Preis geb' ich das Tüchel her ... mein Tüchel brauch' ich nicht herzugeben ... mein Tüchel brauch' ich nicht herzugeben! ...

DER GENDARM. Da ...'runter mit dem Tuch endlich ... her damit ...

RAPUNZEL. Pfui ... grober Kerl! ... *Sie spuckt.*

EIN MÄDCHEN. Die spuckt und kratzt, wie's ihr paßt ...

RAPUNZEL. Und du schmeißt lieber dein Kind in den Dorfbach ... und mußt zwei Jahre brummen ... ich hab' mich wohl gehütet, ins Halseisen zu geraten ...

Die Bauern lachen.

DER GENDARM *greift Rapunzel.* Nun vorwärts, Rapunzel ... ich will die Sache gleich auf der Fährte weiter verfolgen ... diese Raschkeleute verstehen es nämlich ausgezeichnet, noch den wachsamsten Beamten hinter die Fichte zu führen ... wenn du jetzt nicht gutwillig mitkommen willst ...

Sechste Szene

Der Fremde hat unversehens das Kästchen aufgeklappt und fängt an mit goldenen Bällen zu jonglieren. Alle starren plötzlich wie gebunden auf das Spiel.

EINER DER BAUERN. Das ist ein Gauner …
EIN MÄDCHEN. Und was der im Kasten hat!
EIN ANDERES MÄDCHEN. Nein … was der bloß im Kasten hat!
EIN BAUER. Ach … was der im Kasten hat!
DER WIRT. Mein Gott, ja …

Rapunzel, sich die Tränen aus den Augen wischend, die Nase schnaubend, starrt auch das Spiel des Fremden an.

EIN BAUER. Wirtin, laß liegen … dir gehört's nicht …
DIE WIRTIN. Ich werd' die Ketten nicht stehlen …
DER WIRT. Ich sag' dir … laß sie liegen … das alles kommt mir wie eine Versuchung vor …

Der Fremde hat en passant aus dem Kasten ein gewöhnliches Hühnerei herausgeholt, es wie ein richtiger Taschenspieler vor alle hingehalten und entnimmt nun mit zwei Fingern Seidentüchel um Seidentüchel daraus. Er wirft schließlich einen ganzen Packen unter die Mädchen.

Siebente Szene

Rapunzel wirft plötzlich einen Stuhl um, der sie vom Tisch trennte, hat dem Gendarm das Seidentüchel entrissen und ist damit katzenartig zur Tür geflohen. Die anderen Mädchen wollen sie zwar halten, aber sie hat sich ihren Griffen geschickt entzogen und ist unter höhnischem Gelächter schon draußen.

DER FREMDE *lachend.* Immer laßt sie laufen … immer laßt sie laufen … ich halte sie ja an einem ganz feinen Faden angebunden … *Er hat einen feinen silbernen Handspiegel aus dem Kästchen genommen, in den er gespannt hineinblickt.* Halt einmal … dich werde ich gleich wieder fest in meiner Schlinge haben …
EIN BAUER. Der Kerl kann die Taler im Sacke zählen …

DER FREMDE. Topp ... wenn einer Taler im Sacke hat ... du hast nur zwanzig Pfennige im Lederbeutel stecken ... und Hildebrand ist dein Name ...
DER BAUER. Woher kann denn der feine Herr wissen, daß ich Hildebrand heiße?
DER FREMDE. Ich gucke bloß in diesen Silberspiegel ... da hab' ich die ganze Welt drin verzeichnet ... und jedes Ding gleich mit Namen ...
EIN BAUERNMÄDCHEN. Ich glaube gar, der bildet sich ein, er könnte die Rapunzel zurückholen ...
DER FREMDE *immerfort eifrig in den Spiegel guckend.* Aufgefunden ist sie schon ... hahahaha ... gefunden ist sie schon ... Rapunzel ... mit dem gestohlenen Seidentüchel ... oben ... unter die alten beschneiten Tannen rennt sie ... steht schon nahe bei dem Reisighaufen ... schämt sich in die Hütte zu gehen ... wart' nur ... jetzt kriecht sie womöglich aus Scham unter die Reisigbündel ... aber ... ich lasse dich nicht ... ich binde meinen Faden ganz fest an deine braunen Haare ... nun komm' nur ... immer komm' nur ... deine erste Schneefährte zurück ... wenn es auch an dem Hange finstere Nacht ist ... wieviel Schritte hast du noch bis hier in das Schenkhaus zurückzustapfen? ... hundert ... zweihundert ... dreihundert ... vierhundert ... fünfhundert ... in fünf Minuten wird Rapunzel wieder hier erscheinen ...
DER GENDARM. Nun hören Sie einmal an ... die Sache scheint mir hier ziemlich ungeheuerlich zuzugehen ... und scheint mir richtig einen verrückten Anstrich zu haben ... können Sie sich denn ausweisen? ... wenn Sie hier im Dorfe Vorstellungen geben wollen ... dazu müssen Sie einen Gewerbeschein haben ... und wenn Sie keinen Gewerbeschein haben, da müßte ich Sie aber gleich energisch auffordern, mich sofort aufs Amt zu begleiten ... denn damit könnte man nicht bis morgen früh erst warten ... *Der Fremde gibt ihm nebenher alle möglichen, ausländischen Papiere, immerfort gespannt in den Spiegel beobachtend und lachend.* Wie heißen Sie?
DER FREMDE *nebenbei.* Johannes Habundus ...
DER GENDARM. Und das ist wohl der Ort, woher Sie kommen?
DER FREMDE *wie vorher. Er spricht den Namen englisch.* Raven Mountains ...

DER GENDARM. So sehen Sie auch aus ... aber irgendwo müssen Sie doch geboren sein?
DER FREMDE *immerfort gespannt in den Spiegel guckend und lachend. Plötzlich schroff.* Schweigen Sie still, Herr ... jetzt beginnt das Kunststück ... passen Sie auf jetzt ... Rapunzel kommt jetzt ... eins, zwei, drei, vier, fünf ... warum sollte ich denn irgendwo geboren sein ... einfach ... ich bin als Luftblase aus einem Sumpfwasser aufgestiegen ... pst ... *Er tut wie wenn er einen Faden aufspulte.* Jetzt läuft sie die letzten Schritte, was sie laufen kann ... bei sechzig tut sie die Tür auf ... fünfundfünfzig ... sechsundfünfzig ... siebenundfünfzig ... achtundfünfzig ... neunundfünfzig ... sechzig ...

Achte Szene

Die Tür wird von außen leise geöffnet. Rapunzel tritt ein. Sie ist ganz verschämt. Der Fremde blickt sie scharf an und lacht für sich.

DIE LEUTE *durcheinander.* Nein ... Rapunzel ... nein, Rapunzel ...
RAPUNZEL. Ich komme doch wieder ...
DIE WIRTIN. Warum kommst du denn wieder?
RAPUNZEL. Hier ... habt Ihr das Tüchel ... ich mag's nicht mehr ... es ist eine Lüge ... die Wirtin ist ein Lügenmaul ... alle Menschen sind Lügenmäuler ... ich stehle nie ... ich arbeite ... aber wenn auch nur ein Verdacht an dem Tüchel klebt, mag ich's nicht mehr ...
DER WIRT. Ist es wahr, was der Herr gesagt hat?
RAPUNZEL. Mir ist ganz egal, was die Leute reden ...
DER WIRT. Daß dich der Herr an einem Stricke zieht ...
RAPUNZEL. Der feine Herr hier? ... *Sie wird plötzlich sehr verlegen.* Wie heißt denn der feine Herr überhaupt?
DER GENDARM. Herr Johannes Habundus ... kommt aus Mountains ... wo die großen Diamanten im Sande blitzen ...
RAPUNZEL. Der sollte mich am Stricke halten? ...
DER WIRT. Nein, nein ... nicht am Stricke ... aber er hält dich an einen feinen Faden angebunden ...
RAPUNZEL *lachend.* Der könnte mich meinetwegen an einen feinen Faden angebunden halten ... das wäre mir schon recht ... jetzt kann ich mir den Herrn doch wenigstens einmal genau besehen ... ansehen kost' ja nichts ... ja ... und kann dann endlich ruhig nach Hause

gehen ... *Sie geht zur Türe halb hinaus, zögert aber und dreht noch einmal um.* Jetzt weiß ich wenigstens genau, wie der feine Herr aussieht ... aber gestohlen hab' ich niemals in meinem ganzen Leben ... das sag ich euch allen mutig ins Gesichte ... und das Tüchel soll mir kein Mensch mehr um den Hals binden ... und wenn's friert, daß es prasselt ... *Sie zögert noch immer und blickt immer wieder den Fremden an.* Ja ... der könnte mich meinetwegen an einen feinen Faden angebunden halten ... wenn das nicht einer aus Cappadocien ist, da weiß ich nicht! ... *Ab.*

Der Vorhang fällt.

Vierter Akt

Stube im Amt. Es sitzen der grauhaarige Amtssekretär, mit einem dicken Tuche um die Backe, ein hagerer, mürrischer Mensch, und ein jüngerer Dorfpolizist, der ziemlich große Eckzähne hat und plump und resolut redet, einander am Arbeitstisch gegenüber.

Erste Szene

DER AMTSSEKRETÄR. Nun ... haben Sie die Akten von dem alten Satan von Besenbinder ... von diesem alten Raschke, wieder einmal durchgesehen?
DER POLIZIST. Jawohl, Herr Sekretär ...
DER AMTSSEKRETÄR *sich die Backe haltend.* Das ist ja schon eine ganze Bibel ...
DER POLIZIST. Jawohl, Herr Sekretär ... denn nämlich ... der alte Besenbinder hat in diesem Leben schon so ziemlich alles durchgemacht, was einem Menschen in einem irdischen Jammertale nur irgendwie auf die Brust schlagen kann.
DER AMTSSEKRETÄR. Zum Beispiel was?
DER POLIZIST. Nun, Jesus ... Herr Sekretär ... er soll doch schon in seiner Jugend ... soll er doch schon in einem Kaninchenstalle geboren sein ... sagen die Leute ...
DER AMTSSEKRETÄR. Woher wollen denn das die Leute wissen? ... der Alte ist ja schon über die fünfundsiebenzig Jahre hinaus ...
DER POLIZIST. Jawohl, Herr Sekretär ... über fünfundsiebzig Jahre ist der bissige Griesbär schon lange hinaus ... deshalb grade ... denn nämlich ... niemand kann überhaupt eine Ahnung haben, wo der das Licht der Welt sonst erblickt haben könnte ... deswegen sieht einen doch der alte Bottig auch immer mit so rollenden Augen an wie ein aufgestachelter Ziegenbock ...
DER AMTSSEKRETÄR *der sich fortwährend die Backe hält und dabei auch in Akten blättert.* Ih ... das fehlte grade noch, daß jetzt solche Zauberkünstler und Wunderleute hier in unser Nest kämen ... wie heißt dieser Mann? ... Johannes Habundus? ... was hat er da alles

für Allotria in der Schenke getrieben ... Sie haben es doch mit angesehen ...
DER POLIZIST. Na ... hahahaha ... ich sage kein Wort ...
DER AMTSSEKRETÄR *springt auf, weil er einen Schmerzanfall hat, und schreit seine Worte heraus.* Solche maskierte Sklavenhändler müssen wir fest im Auge behalten ... die könnten das ganze Dorf vollends in ein Tollhaus verwandeln ... solche Leute sind Schnelläufer ... die laufen mit Siebenmeilenstiefeln ... die muß man rasch dingfest machen ...
DER POLIZIST. Jawohl, Herr Amtssekretär ... wir könnten ja morgen früh die Vorladung aufsetzen ... und übermorgen könnte ich das amtliche Schreiben dem gnädigen Herrn eigenhändig unterbreiten ...
DER AMTSSEKRETÄR. Jajaja ... legen Sie lieber das Ofenloch voll, daß wenigstens das Amtslokal warm wird ...
DER POLIZIST. Sie haben sicher ein Zahngeschwür, Herr Amtssekretär ...
DER AMTSSEKRETÄR. Was denn sonst?
DER POLIZIST. Lassen Sie sich doch eine schwarze Gartenschnecke über das Zahnfleisch kriechen ... und binden Sie sich nachher drei frische Erdbeeren auf die Backe ...
DER AMTSSEKRETÄR *halb für sich.* Rindvieh ...
DER POLIZIST. Fürs Rindvieh ... ganz gewiß ... aber das hilft sicher auch Ihnen ... nur daß man jetzt mitten im Winter nicht wüßte, wo man gleich drei frische Erdbeeren und eine schwarze Gartenschnecke hernehmen sollte ... man könnte vielleicht auch eingelegte nehmen ...
DER AMTSSEKRETÄR. Sperren Sie lieber die Ohren auf ... es hat geklopft ...
DER POLIZIST *ist aufgesprungen und hat die Tür geöffnet. Man sieht vor der Tür die Besenbinderleute stehen.* Die Raschkeleute sind schon eingetroffen, Herr Amtssekretär ... warten ... es ist noch nicht halb zwölfe ... *Er wirft die Tür wieder zu.*
DER AMTSSEKRETÄR. Ich habe furchtbare Schmerzen ...
DER POLIZIST. Oder wenn ich Ihnen noch was raten soll, Herr Amtssekretär ... das ist auch ein kurrentes Mittel ... trinken Sie kolossal Milch ... aber gleich schüsselweise ...

DER AMTSSEKRETÄR. Das ist einem Verwandten von mir sehr schlecht bekommen ...

DER POLIZIST. Das ist doch aber Säuglingsnahrung ...

DER AMTSSEKRETÄR. Der Mann war Landwirt ... kam vom Felde ... griff im Keller nach einer Schüssel voll Milch ... es war heißer Sommer ... er war verdurstet ... er trinkt die ganze Schüssel auf einmal aus ...

DER POLIZIST. Nun ... und?

DER AMTSSEKRETÄR. Nach einem Jahre war der Mann tot ... *Der Polizist lacht.* Lachen Sie nur ... immer lachen Sie nur ... weil Sie nie eine Dummheit richtig begreifen ... die Sache war völlig ausgeartet ... die große Schüssel Milch war im Magen dieses Mannes zu einem kolossalen Käse geronnen ... und diesen Käse hatte der Doktor mit keiner Macht der Welt wieder 'rausgekriegt ...

DER POLIZIST. Nun jaja ... wie's Schicksal manchmal spielt ...

DER AMTSSEKRETÄR. Ach ... quatschen Sie nicht vom Schicksal ... was ist denn nun eigentlich von dem alten Halunken, dem Raschke, bekannt?

DER POLIZIST *wieder in Amtsmiene.* Bekannt? ... was von dem Menschen bekannt ist, ist alles unbekannt ... denn selbst, von was der Mann hat leben können, kann man sich nur in der Phantasie klar machen ...

DER AMTSSEKRETÄR *mit dem Blick in den Akten.* Ja ... und wie ist denn die Sache ... was seine Kinder betrifft? ...

DER POLIZIST. Hahahaha ... aber das ist eben das Hübsche von dem Manne, daß der sich niemals im Leben hat einschüchtern lassen ... der tut Ihnen noch heute grade so, als wenn die ganze Welt nur für ihn gemacht wäre ... wenn der so für sich auf der Straße hinschlottert, dem können Sie dreiste einen Taler in die schwielige Hand stecken ... der sieht doch **Sie** gar nicht erst an ... der denkt, den Taler hätt' ihm der liebe Herrgott persönlich aus dem blauen Himmel in den dreckigen Handteller geschmissen ... und er würde immerfort nur dastehen ... und den Taler ansehen ... und vor sich hinlachen, daß unser lieber Herrgott auf eine so große Entfernung so gut treffen kann ... nämlich ... er und der liebe Herrgott ... sonst verachtet der Mann alles ...

DER AMTSSEKRETÄR. Und die alte Raschke? ...

DER POLIZIST *ohne zu hören.* Deshalb behauptet der alte Schubiak auch steif und feste, daß alles in der Welt so eingerichtet wär', daß am Ende etwas ganz Besonderes ans Licht kommen müßte ...
DER AMTSSEKRETÄR *heftig.* Und die alte Raschke?
DER POLIZIST. Steckt mit dem Alten unter einer Decke ...
DER AMTSSEKRETÄR. Und die jungen Raschkeleute? ... wie steht es mit denen?
DER POLIZIST. Die ziehen mit dem Alten an einem Strange ...
DER AMTSSEKRETÄR. Jawohl ... so lange bis wenigstens die beiden Langfingerpotentaten zum wievielten Male ins Loch spazieren ...
DER POLIZIST. Aber ein Verdienst hat der Schurke doch, Herr Amtssekretär ...
DER AMTSSEKRETÄR. Jaja ... ich kenne seine Verdienste ... im Protokolle steht es ... ich kenne auch seine Weisheit, die er schon hundertmal zum besten gegeben ... daß die ehrlichen Leute froh sein müßten, daß es den Unehrlichen auch Spaß machte zu leben ... weil doch die Unehrlichen die Sünden der Welt gutmütig auf **ihrer** Buckel nähmen ... verhören ... los ... rasch ... einzeln eintreten! ...
DER POLIZIST *ruft zur Tür hinaus.* Der P.P. Raschke! ...

Zweite Szene

DER ALTE RASCHKE *spricht schon draußen, indem er am Stocke bedachtsam eintritt.* Na, na ... immer langsam voran ... was hat's denn mit dem P.P. Raschke? ...
DER AMTSSEKRETÄR. Sprechen Sie nicht eher, als bis Sie gefragt werden!
DER ALTE RASCHKE. Ich hab' nämlich zu Hause Besenruten liegen ... und hab' nicht viel Zeit ... denn ich bin ein grundehrlicher Mann ... ich verdien' mir mein Bissel ... und wenn **Sie** auch können dem lieben Gott den Tag abstehlen ... meinetwegen ... stehlen gibt's bei mir nicht ... das mach' ich nicht mit ...
DER AMTSSEKRETÄR. Bleiben Sie an der Tür stehen ...
DER POLIZIST. Ich hab' seine Taschen untersucht, Herr Amtssekretär ... auch am Leibe hab' ich alles abgegriffen ... er hat nichts bei sich ... gewalttätig kann er nicht werden ...

DER AMTSSEKRETÄR. Nun gut ... und die anderen Raschkes sind draußen?

DER POLIZIST. Jawohl, Herr Sekretär ... alles Gesindel ist zur Stelle ...

DER ALTE RASCHKE. Alles Gesindel ist noch nicht zur Stelle ...

DER AMTSSEKRETÄR. Wieso?

DER ALTE RASCHKE. Oh ... fragen Sie die Rotznasen auf der Straße ums Abc ... ich war niemals Dorflehrer ...

DER AMTSSEKRETÄR. Antworten Sie, was Sie gefragt sind ... oder ich lasse Sie sofort abführen ... wer fehlt noch?

DER ALTE RASCHKE. Das geht mich nicht das geringste an ... ich hab' das Gesindel nicht hergerufen ... zuwas hätten Sie denn Ihren Amtsdiener?

DER AMTSSEKRETÄR. Wo ist denn Hunnius? ... ich sehe schon ... wir werden ohne den Gendarm nicht auskommen ... heute ...

DER POLIZIST *der die Tür geöffnet und hinausgesehen hat.* Das Mädel ... die Junge ist noch nicht da ...

DER ALTE RASCHKE. Nun also ... das Mädel ist noch nicht da ...

DER AMTSSEKRETÄR. Was ist das für ein Mädel?

DER POLIZIST. Rapunzel ... sie heißt Rapunzel ...

DER ALTE RASCHKE. Meine Enkeltochter ... ja ... Rapunzel ist meine Enkeltochter ... das ist die Tochter zu **dem,** der auch noch nicht da ist ... der aber einmal kommen wird ... und deshalb lebe ich sehr zufrieden ... ich kann sagen ... ich bin augenblicklich sehr zufrieden ... wenn mich jetzt noch ... und ließen mich vollends die Leute vom Amte in Frieden leben ... ja ... aber wenn ich mir einmal eine Forelle fische, gleich ist der gräfliche Fischmeister da ... und wenn ich mir einmal einen Hasen in der Schlinge fange, der mein bissel Kräutich auffrißt ... gleich kommt der Förster ... und wenn ich mir einmal ein Bäumel auflese im Walde ... gleich tritt sich der Gendarm auf meiner Schwelle die Stiefeln ab ...

DER AMTSSEKRETÄR *brüllt.* Ruhe hier ...

DER ALTE RASCHKE. Ich weiß schon ... im Himmel oben ... vor der Himmelspforte ... ja ... wenn's unser Herrgott sieht ... da können Sie aber hübsch buckeln ... aber hier unten, wo bloß der Pastor oder der Pfarrer die Aufsicht haben ...

Der Gendarm kommt und bringt Rapunzel.

DER AMTSSEKRETÄR. Schließen Sie das Mädel ein ... und kommen Sie ... wir brauchen Sie ... nun also ... *Der Gendarm mit Rapunzel ab.* Raschke ... Sie sind beschuldigt ...
DER ALTE RASCHKE. Jajaja ... oh mein Gott du du ...beschuldigt bin ich von oben bis unten ...
DER AMTSSEKRETÄR. Nun lesen Sie einmal vor!
DER POLIZIST. Der P. P. Raschke ist beschuldigt, den Einbruchsdiebstahl in dem Dorfkretscham begangen zu haben ... seine Komplicen waren der Sohn und die beiden Frauen ... die Sache ist so zugegangen ...
DER ALTE RASCHKE *dazwischenfahrend.* Alles Schwindel!
DER AMTSSEKRETÄR *mürrisch.* Halten Sies Maul ...
DER ALTE RASCHKE. Ich hab' ja keine Zahnschmerzen ...
DER AMTSSEKRETÄR *gedehnt und dringlich.* Wie ist die Sache zugegangen?
DER ALTE RASCHKE. Die Sache ist nämlich gar nicht zugegangen ... wenigstens ... was mich alten Mann und meinen Sohn anlangt ... Sie müssen nämlich wissen ... daß wir in der Nacht ... und kamen in der Nacht ... in dem tiefen Schnee ... und sahen überhaupt ... nicht einen Hundeschwanz konnten wir von der eigenen Nasenspitze unterscheiden ... und dachten an gar nichts ... und hatten bloß immerfort Leute mit einem Blendlaternel aus dem Kretscham oder so herausschleichen sehen ... ich sage gleich gutmütig über meinen Sohn ... sage ich ... was mögen denn die Leute im Schilde führen? ... sage ich noch gutmütig ... und will mir die Leute doch genau ansehen ... aber weil man doch schon keinen Hundeschwanz unterscheiden konnte ... das wird doch nicht etwa ein **Verbrechen** sein, daß man in der finsteren Schneenacht ... und kann kein Menschengesichte genau erkennen ... also ich sage über meinen Sohn ... du ... paß auf ... das sind Kujone ... du kannst mir's glauben ... nu mach' dich auf die Socken ... nu aber fort ... nu fort, was du kannst ... und wir liefen ... wenn wir uns nicht gleich aus dem Staube machen ... sage ich ... es war doch eine stockbrandfinstre Nacht, müssen Sie wissen, Herr Amtsaufseher ... sehen konnte man keine Nasenspitze ... und wenn sie so groß gewesen wär' wie eine Polizistennase ... ja ... nur eben das Blendlaternel sahen wir immerfort ... und ich sage zum Jungen noch ... nu aber fort ... nu müssen wir machen, daß wir heim kommen ... denn wenn **uns** je-

mand hier sieht ... uns armselige Besenbinderleute ... nun ... warum glotzen Sie mich denn groß an, Herr Amtsaufseher ... möchte ich nur wissen!

DER AMTSSEKRETÄR. Nein, nein ... das ist eine nette Geschichte ... erzählen Sie nur weiter ... da verliert man die Zahnschmerzen ... ich will Sie gar nicht unterbrechen ... geben Sie die Sache einmal in Ihrer Beleuchtung!

DER ALTE RASCHKE. Beleuchtung ... Gott ja ... Beleuchtung hatten wir gar nicht ... nur eben das Blendlaternel ... und ich sage noch gutmütig ... du ... paß auf ... das sind Kujone ... die wollen stehlen ... und nu fort ... und wir liefen ... und wie wir nun liefen und liefen ... da denken die Kujone ... denken doch die Kujone ...

DER AMTSSEKRETÄR. Nun flott ... flott ... flott ...

DER ALTE RASCHKE. Rufen Sie nur gleich meinen Sohn in die Stube ... und fragen Sie den, ob's wahr ist ... *Plötzlich mit verändertem, mürrischem Tone.* Ich möchte nur überhaupt einmal hören, woher Sie wissen wollen, daß das eine nette Geschichte ist ... Sie waren doch gar nicht dabei ... oder waren Sie vielleicht gar noch über den Kellerfenstern in der Schenkstube ... was ... denn man sah noch Licht oben ... es war grade zwei Uhr in der Nacht ... da rief ich grade mit lauter Stimme vorm Kretscham ... nun aber fort ... und da denken doch die Kujone ... ich meinte, daß **sie** sich fortmachen sollten ... und fangen doch die Kujone auf einmal auch zu laufen an ... und die laufen, was sie können ... und wir liefen doch auch, was wir konnten ...

DER AMTSSEKRETÄR. Im tiefen Schnee?

DER ALTE RASCHKE. Nu freilich ... was denn? ... und wie sie nun mich und meinen Sohn kommen sehen ... weil ich doch gleich über den Jungen gesagt hatte ... wart' einmal, die Leute haben im Kretschamkeller eingebrochen ... sage ich ... und weil wir doch gleich liefen und liefen ... ja ... fingen die Leute auch an ... »nu aber retour« ... und wir nach ... und oben am Walde ... da ließen sie ihr Blendlaternel fallen ... und dann ... wie wir immer näher kamen ... ließen sie auch Flaschen fallen ... und dann ließen sie Rollschinken fallen ... und Würste ließen sie fallen ... und alles ließen sie fallen ... das hatten sie alles im Schenkkeller gestohlen ... und waren über alle Berge ... waren sie fort, die Kujone ... und hatten die Sachen alle liegen lassen ... ich sag's grade, wie's wahr ist ... Herr Amtsaufseher ... nu möcht ich aber wirklich wissen, was Sie eigentlich von uns wollen ...

DER AMTSSEKRETÄR. Das Blendlaternel ist oben gefunden?

DER GENDARM. Jawohl, Herr Sekretär ... ich ging den Leuten sofort nach ... noch in derselben Nacht ...

DER ALTE RASCHKE. Da haben Sie's ja ... Sie auch!

DER GENDARM. Der Wirt schickte noch in derselben Nacht nach mir ... und Friedrich ging mit mir ...

DER ALTE RASCHKE. Nu kommt's ja 'raus, wer die Sache ausgefressen hat ... da wird's wohl schließlich noch der Hausdiener und der Gendarm selber gewesen sein!

DER AMTSSEKRETÄR. Der junge Kerl herein!

DER POLIZIST *ruft ins Haus*. Der *P.P.* Raschke Sohn vor den Herrn Amtssekretär.

Dritte Szene

DER JUNGE RASCHKE *tritt schwerfällig herein. Stotternd.* Aus mir ... aus mir ... ist ... nichts 'rauszukriegen ... ich ... hab' niemals ... niemals können ... ein Wort ... ein Wort richtig aus 'm Halse kriegen ... wenn's hieß ... wenn's in der Schule hieß ... ich sollte eine Geschichte erzählen ...

DER ALTE RASCHKE. Nu, ist's nicht wahr, Hermann ... wie wir liefen ... und liefen ...

DER JUNGE RASCHKE. Alles ... jedes Wort ist wahr ... mein Vater hat ... hat niemals im Leben ... hat mein Vater können ... **ein** unwahres Wort sagen ... wie wir ... wie wir die Flaschen ... wie wir die Flaschen fanden ... waren sie leer ...

DER ALTE RASCHKE. Nein ... nein ... ach Unsinn ... das kannst du nicht gut sagen ... das wär' zuviel ... zweie ... zweie waren leer ... und zwei ... waren noch voll ... das konntest du nicht wissen ... weil du grade die leeren Flaschen zu packen kriegtest ... denn es war doch eine stockbrandfinstere Nacht ... war es ... aber es hätt' sich doch überhaupt gar nicht gelohnt, den Leuten erst noch lange nachzulaufen, daß wir den Atem verloren, wenn die Flaschen nicht voll waren, Hermann ... und sie nicht auch die Schinken in den Schnee fallen ließen ... ja ...

DER JUNGE RASCHKE. Ach ... ich ... sage ... kein Wort ... kein Wort weiter ... du kannst erzählen ... Vater ...

DER ALTE RASCHKE *lustig*. Jajaja ... ich kann besser erzählen ... wenn man immer in der rauchigen Stube sitzt und Besen bindet, fallen einem die größten Tollheiten ein ... und außerdem muß ich meinen Kopf wachhalten ... denn ... mit dem **einen** Fuße stecken wir immer noch wieder in der Sünde und Schande ... ich sag's der Mutter immer ... was der **eine** Sohn ist, den ich zuerst mit dem Weibe hatte, der ist ein ... ach ... mag's sein, wie's will ... ich werde hier nicht erst weiter groß reden ... ich habe gesagt, was ich weiß ...

DER AMTSSEKRETÄR. Die Weiber! ... *Der Polizist öffnet die Tür.*

Vierte Szene

Die alte und die junge Raschke kommen herein, durcheinander weinend und schimpfend.

DIE ALTE RASCHKE. Von mir können Sie gar nichts erfahren ... ich hab' im Bette gelegen ... oh mein Gott du du ... was soll ein armes, gejagtes Weib anfangen, wenn der Mann über die fünfundsiebenzig Jahre ist ... wir haben ein elendes Leben Tag und Nacht ... und wenn's außerdem alle Wege vollends mit Schnee zuschmeißt ...

DIE JUNGE RASCHKE *ausfällig*. Das ist bloß der verfluchtige Wachtmeister, der alle Schuld immer grade auf die ärmsten Leute schmeißt ... an den Hals spring' ich dem Kerle noch einmal ...

DER AMTSSEKRETÄR *hält sich die Ohren zu*. Liebe Frau ... ich bitte Sie um alles in der Welt ... gebärden Sie sich nicht unsinnig ... mir springt der Schädel ohnehin ...

DIE JUNGE RASCHKE *ohne sich stören zu lassen*. Ins Loch möcht' uns der Kerl bringen ... und obendrein mein Mädel verführen ... denn ein hübscher Kerl ist doch der Gendarm nun einmal ... und die Menschen sollen doch dem Wachtmeister parieren, wie er will ... wenn das nicht **meine** Tochter ... und gar eine anständige flinke Katze wär' ...

DER ALTE RASCHKE *plötzlich erbost*. Du alte Zottel von Weib ... was heißt das? ... **deine** Tochter möcht' er dir verführen? ... Herr Amtsaufseher ... das sind nichts als Lügen ... dieses Weib hat drei

Kinder geboren ... und hat auch nicht ein einziges groß gezogen ... nun hören Sie einmal dieses Lügenmaul an ... **ihre** Tochter ... freilich ... so 'ne Tochter möcht'st du wohl haben ... das glaub' ich ... aber das Mädel ist **deine** Tochter niemals ...

DER AMTSSEKRETÄR. Wen meint Ihr denn überhaupt ... von was redet Ihr denn überhaupt?

DER ALTE RASCHKE. Das Mädel ... die Rapunzel ... soll **deine** Tochter sein? ... das ist nämlich ... da werde ich Ihnen einmal die Geschichte genau erzählen ... diese Tochter ... die hat ein **Mann** zurückgelassen ... ein **Mann** ... der ein Mann **war** ... und eine Frau ... die eine Frau **war** ... nicht eine solche Zottel ... ein **Mann,** der nicht stehlen ging ... gar niemals im Leben ... und der sich nie Flaschen und Speckseiten und Schinken ... ja ... ich will gar nichts weiter hier sagen ... das war ein **Mann,** der die Besenbinderei satt hatte ... jung, wie er war ... wie gar sein Weib gestorben war ... ja ... das war ein **Mann** ... der dachte ... warum sollte ich denn immerfort angeschmiedet sitzen, wie ein Sträfling auf der Holzbanke und Ruten binden ... die Welt hat ja keine Mauern ... ich werde einmal sehen, ob ich nicht auf irgendeinem Wege das Glück finden kann ...'naus war er ... das Mädel ließ er ... und dieses Mädel ...

DER AMTSSEKRETÄR. Ja eben ... nun ... was ist mit dem Mädel?

DER ALTE RASCHKE. Das Mädel ist **des** Mannes Tochter ... der mein Jüngster war ... und der über mich sagte ... Vater, sagt' er über mich ... mein junges Weib ist tot ... ich zieh' in die Welt 'naus ... Ihr haltet mir das Mädel hübsch vom Ungeziefer reine ... ich will das Glück suchen ... Ihr wartet auf mich ... ich komme wieder ...

DER AMTSSEKRETÄR. Bringen Sie Rapunzel!

DER ALTE RASCHKE. Ach, du mein lieber, himmlischer Vater ... lieber, guter Herr Amtsaufseher ... das ist aber ein liebes, folgsames Ding ... das haben wir behütet ... Gott Strambach ... das haben wir immer behütet ...

Fünfte Szene

Rapunzel wird vom Gendarm hereingeführt.

DER AMTSSEKRETÄR. Hunnius ... wo bringen Sie das Mädel her? ... bringen Sie das Mädel aus der Fabrik? ...

DER GENDARM. Nein, Herr Sekretär ... das Mädel war heute nicht in der Fabrik ... und der Torschließer sagte mir, sie wäre auch gestern nicht in der Fabrik gewesen ... überhaupt sagten die Leute, Rapunzel liefe dem Ausländer schon grade nach wie ein Hundel ... aber unten im Wirtshause hab' ich sie doch nicht finden können ... ich hab' sie erst aus der rauchigen Spelunke oben am Busche 'rausholen müssen ... da war sie mutterseelenalleine in der Besenbinderstube ... und tanzte und lachte ... und machte allerhand Zeug für sich ... nämlich ... zuerst hab' ich sie eine Weile durch's Fenster beobachtet ...

DER AMTSSEKRETÄR *ergreift das Seidentüchel vom Tisch.* Wo ist das Seidentüchel her?

RAPUNZEL *in Aufregung.* Das hat mir mein Vater gekauft ...

DER AMTSSEKRETÄR. Wer ist dein Vater?

RAPUNZEL *lacht verlegen.* Ich hab' keinen Vater ... der Vater ist in der Fremde ... der Vater ... ja ... sag' du's ihm doch, Großvater ...

DER ALTE RASCHKE. Der richtige Vater ... das ist eben der, der in die Fremde gegangen ist ...

RAPUNZEL. Nun weiter ... du sagst doch immer noch was ...

DER ALTE RASCHKE. Ich erzähl's ihr immer, Herr Amtsaufseher ... daß ihr Vater in die Welt gegangen wär', das Glück suchen oder so ... weil wir doch einstweilen noch immer nur armselige Besenbindersleute sind ...

RAPUNZEL. Nun also ... und also hab' ich einstweilen keinen Vater ... da ist der Großvater mein Vater ...

DER AMTSSEKRETÄR. Das Tüchel hat dir also dein Großvater gekauft? ... weißt du das aber auch genau?

RAPUNZEL. Jawohl ... das weiß ich ganz genau ...

DIE JUNGE RASCHKE. Herr Jesus ... da sag's doch, Mädel ... du bist doch sonst nicht so auf's Maul gefallen ... da sag' doch gleich alles ...

Rapunzel schweigt.

DER AMTSSEKRETÄR. Nun?
RAPUNZEL. Weiter weiß ich nichts …
DER AMTSSEKRETÄR. Wieso hat der Alte das Tuch gekauft?
RAPUNZEL. Ich kam aus der Fabrik … ich bin doch immer den ganzen Tag unten im Zackentale in der Fabrik … und da ist er eben unterdessen zum Kaufmann gelaufen … und er wird sicher gelacht haben, der alte Vater … wie er's immer macht … nämlich … immer muß er seinen Spaß mit mir treiben … manchmal legt er sich auf den verräucherten Backofen in unserer Stube … und wenn ich im Finstern aus der Fabrik heimkomme, da tut er, als wenn gar niemand drinne wär' … und brummt bloß … und da merk' ich's erst … ja …
DER AMTSSEKRETÄR. Also … ich weiß schon … gesehen hast du's also nicht, wie er das Tuch gekauft hat?
RAPUNZEL. Jesus … Jesus … der Großvater hat's doch erzählt … da werd' ich's doch wissen …
DER GENDARM. Ich hab' noch etwas sehr Wichtiges zu vermelden, Herr Sekretär …
DER AMTSSEKRETÄR. Nun los, Hunnius …
DER GENDARM *kramt eine Reihe Schmucksachen vor dem Amtssekretär aus aus einem Schnupftüchel.* Sachen … wie man sie nicht sieht … solche Sachen haben die Leute … Sachen … wie sie die Gräfin nicht hat … solche Sachen haben die Leute …
DER ALTE RASCHKE *starrt plötzlich auf.* Was für Sachen? … welche Leute? …
DER GENDARM. Eine Kette … über und über funkeln tut sie … ein Ring … funkeln tut er … ein Armband … eine Brosche … na … über und über funkeln tut sie … alles das gefunden … bei wem? … damit trieb das Mädel oben in dem Rauchloche vor einer Spiegelscherbe und so einsam ihr Wesen … und wollte es schnell in ihre Fabriktasche verstecken, wie ich unverhofft in die Stube trat …
DER AMTSSEKRETÄR. Wie? … gefunden? … bei wem?
DER GENDARM. Ja … ich kann's nicht anders sagen … und kann's selber noch nicht glauben, bei wem …
DER ALTE RASCHKE *starrt immerfort auf die Schmucksachen.* Nun Jesus … Jesus … bei **wem?**

DIE ALTE RASCHKE *heulend.* Wir sind armselige Besenbindersleute immer gewesen, Herr Amtsaufseher ... ich sag's Ihnen ... der Mann ist fünfundsiebenzig Jahre alt geworden ... und hat sich ein Leben lang im Staube gemüht ... und ich hab' mir die Wimpern von den Augenrändern 'runtergeflennt ... und hab' immer nur mit dem Wasserkruge und mit einer vertrockneten Brotkruste in den Händen im Leben gestanden ...

Der Amtssekretär gibt dem Gendarm einen Wink.

DER GENDARM *hält Rapunzel am Arm fest und sagt zu den anderen Raschkes.* Nun vorwärts!

DER AMTSSEKRETÄR. Ins Amtsgefängnis!

DER ALTE RASCHKE. Ein Balken könnte mir nicht toller auf den Schädel schlagen, Herr Amtsaufseher ... Mädel ... *Er hat sie plötzlich am Hals gepackt.* Nu red'st du auf der Stelle ... sonst erwürg' ich dich ... wo kommen die fremden Sachen her?

RAPUNZEL. Erwürg' mich ... kein Laut kommt aus der Kehle ...

DER ALTE RASCHKE *hat sie wieder losgelassen.* Jesus ... Jesus ... lassen Sie mich noch einmal die Sachen ansehen ... aber halten Sie sie feste ... daß sie nicht etwa gar verzaubert sind ... und fortfliegen ... und ich muß dann wieder büßen ... nein ... **das** sind aber Sachen.

DIE ALTE RASCHKE *weinend.* Das hat der Vater davon, daß er das Mädel immer in Zucht gehalten hat, als wenn sie eine Englische wär' ... und immer nur wartet ... und immer nur wartet ...

DER ALTE RASCHKE *während alle Raschkes vom Gendarm und Polizisten hinausgeführt werden.* Führt mich nur ruhig ins Amtsgefängnis ... immerzu ... ich werde das aushalten ... ich bin längst wieder bei Verstande ... das ist sogar den Heiligen vorgekommen, daß allerlei verführerische Dinge vor ihren Augen tanzten ... der Mensch muß die Versuchungen geduldig ertragen ... und muß warten ... Moses hat vierzig Jahre gewartet ... warum sollte ein armseliger Besenbinder ... ich bin doch erst fünfundsiebenzig Jahre ... nein, Rapunzel ... was wird denn aber über dich der Vater sagen ... wenn der endlich heimkommt ...

Die Raschkeleute von Gendarm und Polizist begleitet ab.

DER AMTSSEKRETÄR *nimmt einen Taschenspiegel heraus und betrachtet sich eine Weile drin, schneidet einige Gesichter und horcht. Es klopft.* Herein!

Sechste Szene

Der galonierte Diener tritt ein. Der Amtssekretär starrt ihn wie eine Erscheinung an.

DER DIENER *feierlich*. Seine Gnaden ... Herr Johannes Habundus ...
DER AMTSSEKRETÄR *reißt sich die Binde vom Gesicht und schnellt in die Höhe.* Aha ...
DER DIENER *gewichtig*. Seine Gnaden lassen den Herrn Amtssekretär um die Gewogenheit bitten, im Gasthause sein Mahl mit ihm zu teilen ...
DER AMTSSEKRETÄR *sich verbeugend, ähnlich wie im zweiten Akt im Traume*. Seine Gnaden speisen von goldenen Tellern ... jawohl ... jawohl ... jawohl ...

Der Diener ab.

Siebente Szene

DER AMTSSEKRETÄR *ruft zum Fenster hinaus.* Polizist ... Polizist ... lassen Sie den Gendarm die Raschkeleute allein transportieren ... kommen Sie rasch zurück ... kommen Sie rasch zurück ...

Nach kurzem erscheint der Polizist atemlos.

DER POLIZIST. Was gibt's denn, Herr Sekretär?
DER AMTSSEKRETÄR. Seine Gnaden, Herr Graf Johannes Habundus, haben die Gnade gehabt, mich zum Diner zu laden ... fort mit der Binde ... *Er wirft sie beiseite.* Geben Sie mir meinen schwarzen Rock ... und den weißen Schlips ... und begleiten Sie mich ... dieser Edelmann schreitet durch unser Dorf mit zwei Dienern hinter sich ... da müssen wir auch unsere Amtswürde wahren ... also bitte ... Sie gehen zehn Schritt hinter mir ... ich werde natürlich das Diner essen ...
DER POLIZIST. Oh ... ich verstehe ... natürlich nur amtlich ...

DER AMTSSEKRETÄR. Jawohl ... nur amtlich ... denn ich werde den geheimnisvollen Herrn dabei gehörig sondieren ... verstehen Sie? ...

Er hat sich zum Gehen angetan und schreitet jetzt zur Tür.

DER POLIZIST. Also ... in voller Haltung, Herr Amtssekretär ... ich schreite zehn Schritt hinter Ihnen ...

Er reißt die Tür auf.
Der Amtssekretär schreitet gewichtig hinaus.

DER POLIZIST *zählt.* Eins, zwei, drei, vier, fünf, sechs, sieben, acht, neun, zehn ...

Dann mit einer soldatischen Bewegung ebenfalls ab.

Der Vorhang fällt.

Fünfter Akt

Besenbinderstube. Durch die Fenster fällt die späte Sonne.

Erste Szene

PRINZESSIN TRULL *kommt mit einem Bettelsack für sich lachend herein, geht bis an den Tisch und fängt an auszupacken. Es sind hauptsächlich alte Brotkanten, ein paar Rüben und rohe Kartoffeln.* Da ... eine Ananas aus Kalifornien ... ein schöner Apfel aus Brabant ... ein Fisch aus dem See der Fröhlichkeit ... hihihihihihi ... *Sie blickt sich um.* Warum ist denn in diesem Gemache alles so still? ... warum kommt denn mein Minister nicht? ... warum kommen denn meine Hofdamen nicht? ... hihihihihihi ... ich bin doch die Prinzessin Trull ... ich bin doch die Prinzessin von Araukanien ... *Sie kramt tiefer in ihrem Bettelsack herum und entnimmt daraus das verschmutzte, goldgerahmte Bild.* Hier ist doch Majestät, mein Vater ... oh weh ... es ist bitter kalt draußen ... die Scheibe ist ganz an gelaufen ...

Sie fängt das Bild wieder an mit ihrem Ärmel zu putzen.

Zweite Szene

Die schneidende Totentanzmelodie singt wie aus weiter Ferne.

PRINZESSIN TRULL *lauschend und sogleich wie mit dem unsichtbaren Musikanten ihr Spiel treibend.* Jja ... du Schelm ... einmal kam ein Admiral ... und einmal ein General ... und einmal ein Krösus ... und einmal ein Spielmann ... und ein Graf kam ... und ein Obsthändler kam ... und ein junger Kapitän kam ... Schelm du ... ich habe mir meinen Kleidsaum zerrissen ... warte noch einen Augenblick ... ich muß erst alles wieder festbinden ... aber du bist ein feiner Violinist ... und ich bin des Königs von Araukanien schöne Tochter ... *Sie beginnt sich nach der Melodie zu drehen.* Und die Luft ist von Goldstaub ... meine schönen Hände sind von Gold und

Glanze ... in meiner Prinzessinnenkemenate **muß** doch alles von Gold und Glanze sein ... die Decke ist von Golde ... die Diele ist von Golde ... wer soll ich sein, du Schelm? ... ich fuhr einmal auf einem Prunkschiff durchs blaue Meer ... war es blau oder grün ... oder purpurn wie Blut? ... durch Wasserberge ... heidi ... *Sie ist vom Tanzen ganz atemlos geworden und bleibt stehen.* Kein Ding kann bleiben ... alles läuft viel schneller wie auf Kinderfüßchen ... viel schneller ... jetzt muß ich mich hier auf den goldenen Prunkwagen setzen ... ich habe keinen Atem ... eine sehr feine Dame braucht keinen Atem zu haben ... *Sie hat sich einen Augenblick auf die Kiste niedergelassen.* Hihihihihihihi ... oh Sie Schelm ... Ihre Melodie klingt süß ... Schelmchen ... Schelmchen ... *Sie hängt sich wie um den Hals des unsichtbaren Musikanten, als wenn sie ihn küßte und ihn an den Tisch zöge.* Ich habe mich im Freien ergangen ... *Sie zeigt auf die Rüben und Kartoffeln auf dem Tisch.* Ich habe eben in den königlichen Gärten Früchte gebrochen ... ich muß dir ein Geheimnis anvertrauen ... ich trage nämlich die ganze Herrlichkeit auf meinem Buckel ... wie die Schnecke ihr Haus ... Schelmchen ... in mein Königreich kann niemand Bresche legen ... hihihihihihihi ... *Sturmstöße draußen beim Dunkelwerden.*

EINE STIMME *ruft in der Ferne.* Johannes Habundus ist da ...

PRINZESSIN TRULL. Wer? ... *Sie geht ans Fenster und öffnet es.* Da ... läuft ein Trödler unten ... der goldene Äpfel oder Pfirsichen im Korbe hat ... die Leute, die **hier** leben ... die **hier** etwas erwarten ... scher' dich fort ... er hat unten auf der Straße zwischen der Schenke und der Kirche schon ein paarmal gerufen ... *Sie guckt gespannt hinaus.* Bleib draußen, Verführer ...

DIE STIMME *ruft schwächer.* Johannes Habundus ist da ...

PRINZESSIN TRULL. Ach ... pfui ... gehe du nur weiter ... jetzt ist er um das Schulhaus schon ganz verschwunden ... der Tor ruft und ruft ... und keine Antwort kommt ...

Dritte Szene

Rapunzel kommt. Prinzessin Trull macht ihr tiefe Komplimente.

RAPUNZEL *während sie sich aus dem Ofenröhr ein Töpfchen kalten Kaffee einschenkt und hastig trinkt.* Prinzessin ... laß mich heute ungeschoren ... und setz' dich auf deine Kiste! ...'s ist gut, daß die Sonne untergeht ... denn lange werde ich mir heute die Welt nicht mehr auswendig besehen ... ich hab' die anderthalb Tage im Amtsgefängnis kein Auge zugetan ... ich möchte nur wissen, was das überhaupt für Narrenspossen sind ... *Sie macht Feuer im Ofen.* Warum muß denn der Mensch grade die Nase nach vorne haben ... und warum muß denn der Mensch durchaus immer was Besseres sein wollen ... *Sie geht ans Fenster und will es schließen.* Was ruft der Kerl? ... ich will mit keinem Fremden mehr was zu tun haben ... gar nichts ... draußen bleibt er ... *Sie schließt das Fenster.* Wenn er mich nur ins Amtsgefängnis locken will ... mich bringt jemand bloß einmal in Versuchung ... und nicht wieder ... *Sie richtet sich ihr Lager her.* Ausschlafen will ich ... *Sie hat sich wieder ihr Lumpenlager hergerichtet, den Stuhl umgekehrt, mit etwas Stroh als Kopfkissen und wirft sich auf das Lager.* Und wenn ich auch zehnmal im Schmutze leben muß ... schlafen ... tut man, wo in der Luft die hellen Schmetterlinge fliegen ... so leise geht's und so reinlich geht's da zu ... also ...

PRINZESSIN TRULL *in ganz mitleidigem Tone, von der Kiste aus, wo sie wieder das Bild ihres Vaters putzt.* Liebe Hofdame ... Ihr habt Kummer ...

RAPUNZEL *halb schlafend.* Ach ... nichts weiß ich ... nichts sage ich ... laß mich ...

DIE STIMME *draußen klingt heller.* Johannes Habundus ist da ...

RAPUNZEL *einschlafend.* Stille ... schließ die Tür zu ... das ist ein Betrüger ... der die Leute narrt ...

Vierte Szene

Die alte Raschke erscheint, genau so aufgebracht wie Rapunzel. Sie geht auch sofort ans Röhr zum Kaffeetopf und trinkt.

PRINZESSIN TRULL *winkt gnädig mit ihrer Hand von ihrem Platze aus.* Guten Abend ... liebe Hofdame ... nun füllt sich wieder mein Königreich ...

DIE ALTE RASCHKE. Jaja ... das Königreich von den unverschmierten Ofenritzen ... das wird sich bald wieder füllen ... sie werden wohl die Raschkeleute alle wieder fortlassen ... denn sie können selber nicht draus klug werden ... die Beamten ... nur gut, daß das Mädel wenigstens das Feuer aufgezündet hat ... daß hier warm wird ... du machst's gescheiter wie wir ... wir warten und warten.. und kommen schließlich ins Amtsgefängnis ... du bleibst lieber gleich auf deiner alten Holzkiste sitzen ... und die Zeit vergeht auch ...

PRINZESSIN TRULL *sehr mitleidig.* Jawohl, gnädige Frau ... die Zeit geht auch ohne Uhren ... nichts wird je bleiben ...

DIE ALTE RASCHKE. Ich ersehne mir, weiß Gott, auch das Reich, wo die Sonne nicht untergeht ...

PRINZESSIN TRULL *ganz preziös.* Und die Minister? ... wo bleiben meine Minister?

DIE ALTE RASCHKE. Die Mannsleute werden wohl auch gleich da sein ... nachweisen können sie uns nichts ... und wenn sie sie noch so sehr im Zickzack hin und her jagen ... von den gestohlenen Sachen im Schenkkeller will ich gar nicht reden ... um die Sachen handelt sich's überhaupt gar nicht mehr ... aber wenn auch das Mädel die Schmucksachen hat ... kein Mensch kann draus klug werden ... und wenn die Beamten schon nicht draus klug werden können ... ein Bestohlener, der etwa gekommen wäre und hätte gesagt, die Schmucksachen sind meine ... niemand hat sich eingestellt ... *Sie rüttelt plötzlich an der schlafenden Rapunzel.* Eine rechte Tracht wirst du kriegen ... und ich geb' sie dir jetzt ... weil der Großvater noch nicht heim ist ... wirst du's jetzt etwa auch deiner Großmutter nicht sagen? ... Mädel ... ich schlag' dich doch rechts und links ...

DIE STIMME *von draußen klingt ganz nahe.* Johannes Habundus ist da ...
RAPUNZEL *völlig verschlafen.* Großmutter ... ich weiß nichts ... ich fühl' nichts ... ich höre nichts ... laß mich ... schlafen tut man, wo die Schmetterlinge fliegen ... und wo's reinlich zugeht ...
DIE ALTE RASCHKE *hat Rapunzel sofort losgelassen und horcht.* Das wird doch nicht etwa der feine Herr sein, der mit zwei Dienern hinter sich im Dorfe alles besieht, und vor dem der Amtssekretär und der Polizist immerfort nicken wie Hampelmänner ...

Fünfte Szene

DIE JUNGE RASCHKE *kommt auch im Zorn mit dem jungen Raschke.* Bloß um den Wahnsinn mit dem anderen Sohne und dem Mädel handelt sich's ... aber wenn's die Leute auf dem Amte nicht 'rauskriegen ... ich und du und die Großmutter werden's erst recht nicht 'rauskriegen, wo das nichtsnutzige Mensch die Goldsachen her hat ... aber so weit muß es ja kommen ... bis zum Amtsgefängnis muß es ja kommen ... der alte Mann hat doch nun einmal den Wahnsinn im Kopfe ... und macht schließlich die junge Krähe auch noch zum Affen ... *Sie stößt mit dem Fuße an das Lager der Rapunzel.* Hüt' dich nur, Biest ... daß ich dir nicht noch eins draufgebe ... das wird aber ordentlich ... Gnade Gott, daß sie einstweilen nichts gefunden haben ... und daß wir 'raus sind ...
DER JUNGE RASCHKE *nur mit einem Anflug von stottern.* Das Glauben und das Hoffen und Erwarten ... da hat der Vater ... das Glauben und das Hoffen und Erwarten ... laßt mich ... und redet kein Wort weiter ... ich ... will schlafen ...
DIE JUNGE RASCHKE *steht auch am Röhr und trinkt Kaffee.* Gnade Gott ... daß sie einstweilen nichts gefunden haben ...
DER JUNGE RASCHKE *mit der alten und der jungen Raschke um den Kaffeetopf.* Was sollten sie denn auch ... gefunden haben ... wir finden ja auch nichts weiter ... die Scherben liegen im Mistloche ... die Schinken sind fort ... der Wein ist versoffen ... na ... schlafen ... will ich ...

DIE JUNGE RASCHKE *zur Tür gehend. Zur Prinzessin Trull.* Nun ... alte Hexe ... ich dächte, du fändest jetzt auch in dein Loch ... scher' dich in deine Bodenkammer ...

Prinzessin Trull hat sich scheu erhoben und ihr Bild wieder unters Tuch verborgen.

DER JUNGE RASCHKE. Hier ... bleibst du, Weib ... wir kriechen in Mutters Bette ...

DIE JUNGE RASCHKE. Meinetwegen auch ... die Mutter kann auf der Bodenkammer schlafen ... 's schläft sich in unserem Bette oben grade so gut, wie in dem alten morschen Kasten hier ... wenigstens daß hier ein bissel überschlagen ist ... habt Ihr's gehört, Mutter ... draußen auf der Dorfstraße schreit immerfort ein Mann, der goldene Äpfel und Pfirsichen im Korbe hat ...

Der junge Raschke ist in das Bett gekrochen.

DIE ALTE RASCHKE *während sie mit Prinzessin Trull abgeht.* Ach, du liebe Zeit ... jetzt, wo ich dreiundsiebenzig Jahre bin ... jetzt glaub' ich an keine goldenen Äpfel und an keine Pfirsichen mehr ... komm, Prinzessin ... komm' ins Bette auf die Bodenkammer ... wo der Wintersturm durch die Dachbretter ein Schlaflied pfeift ... auf dem Amtsgefängnis hab' ich kein Auge zugetan ... wenn wir zwei alten Hutzeln ohne Zähne beieinander liegen, wärmen wir uns und verschlafen alles..

Beide ab.

DIE STIMME *von draußen leise hörbar.* Johannes Habundus ist da ...

DIE JUNGE RASCHKE *die jetzt auch halbbekleidet ins Bett gestiegen ist, während der junge Raschke schon schnarcht und sich schon das Bett über die Nase gezogen hatte, fährt noch einmal auf.* Ach ... brüll' zu ... meine Augen sind blöde ... und ich bin jetzt taub ... *Sie droht mit der Faust noch einmal nach Rapunzel hin.* Wart nur, Mädel ... wenn mir's nicht die Augen mit Gewalt zuzög', daß ich sie nicht mehr aufhalten kann ... da besäh'st du heute noch was ... *Während sie einschläft.* Wo das Mädel bloß die schönen Goldsachen her hat? ... möcht ich bloß wissen ...

Sechste Szene

Die Besenbinderstube ist nächtlich geworden. Und die Elemente beginnen sich um die Hütte zu beleben. Sturmstöße, darein die Totentanzmelodie mit schneidendem Geigenton ganz ferne aufwacht. Dann und wann immer wieder. Der alte Raschke macht behutsam die Tür auf. Er kommt mühselig hereingehumpelt.

DIE STIMME *von draußen ruft.* Johannes Habundus ist da …
DER ALTE RASCHKE *indem er einen Lichtspan ansteckt.* Draußen bleibt er … führe uns nicht in Versuchung … denn niemand kann überhaupt genau wissen, wie das alles manchmal so zugeht … gestanden hat **sie's** nicht … und gestanden hab' ich's nicht … denn ich bin ein armseliger Mensch … ich bin aus dem Hundegeschlecht … und wenn ein Mensch hungert und darbt, ist er kein Mensch, sondern ein Vogel … und muß sehen, daß er auf die Bäume klettert und sich Nahrung sucht … und ist er kein Mensch, sondern eine Spinne … die die Hände der reinlichen Leute zerdrücken möchten … ja … und muß doch sehen, daß sie ihre Netze stellt … und sich einen Hasen einfängt … wenn's sonst nicht mit natürlichen Dingen zugeht … denn den lieben Gott bestehlen wir doch alle … aber der rennt nicht gleich zum Amtssekretär … der muß sich's von Mensch und Vieh gefallen lassen … der lacht womöglich noch drüber … also … warum sollte das Mädel nicht Sachen haben, so viel sie will … die Ketten und die Ringe und alles haben sie ihr einstweilen zwar abgenommen … sie begreifen es nicht … wenn sich aber ein Bestohlener durchaus nicht einfindet … *Er nimmt auch den Kaffeetopf und trinkt.* Antun konnten sie ihr gar nichts … und mir haben sie erst recht nichts antun können … denn ich hab' weder gestohlen, noch eingebrochen … das bringt der eine Sohn ganz alleine fertig … außerdem konnte überhaupt von der ganzen Schenkkellergeschichte kein Mensch mehr was wissen … ich selber konnte ja nicht einen Hundeschwanz von der eigenen Nasenspitze unterscheiden … geschweige Hausknechte und Gendarme.

Siebente Szene

DER FREMDE *hat die Tür leise geöffnet und steckt den Kopf herein. Leise.* Johannes Habundus ist da ...

DER ALTE RASCHKE *ganz für sich, unter seinen grauen Augenbürsten mürrisch hervoräugend.* Wer? ... das muß ein Händler sein ...

JOHANNES HABUNDUS *tritt vorsichtig herein.* Goldene Äpfel ... Pfirsichen ...

DER ALTE RASCHKE. Draußen bleiben Sie!

JOHANNES HABUNDUS *einschmeichelnd.* Da ... da ... nehmt doch ...

DER ALTE RASCHKE. Was ... goldene Äpfel ... ich brauch' keine goldenen Äpfel ...

JOHANNES HABUNDUS. Nehmt doch ...

DER ALTE RASCHKE. Was sollten einem alten fünfundsiebenzigjährigen Manne noch goldene Äpfel? *Johannes Habundus sieht sich neugierig um.* Was wollen Sie dem hier? ... es ist sinkende Nacht ... es wird Schlafenszeit ...

JOHANNES HABUNDUS. Es ist kaum Abend ... Ihr schlaft früh ...

DER ALTE RASCHKE. Wir werden doch nicht erst noch Licht verbrennen ... Traumlicht kost't nichts ... *Johannes Habundus geht neugierig durch das Zimmer. Der alte Raschke steht noch immer auf demselben Platze und rührt sich nicht. Für sich.* Das möcht' ich nun aber wirklich wissen, was der Kerl hier will? ... wer sind Sie denn?

JOHANNES HABUNDUS. Ein fremder Händler ... nehmen Sie doch einen goldenen Apfel ...

DER ALTE RASCHKE. Da hätte ich wirklich noch keine Zeit, mit goldenen Äpfeln zu spielen ... ich habe einstweilen noch an anderes zu denken ...

JOHANNES HABUNDUS *lacht für sich.* Und die Menschen alle schlafen ...

DER ALTE RASCHKE. Lassen Sie die ruhig schlafen ... da stehlen sie nicht ... ich schlafe noch nicht ... ich wache ... denn wachsam bin ich immer ... *Für sich.* Ich getrau' mich nicht, den Kerl geradezu anzureden ... er sieht zwar sehr lieblich aus ... Mutter ... die Mutter ist oben auf dem Boden? ... das Faulenzerpack hat sich wieder in die warme Stube gelegt? ...

115 *Johannes Habundus hat seinen Korb abgestellt.*

DER ALTE RASCHKE *den Fremden beobachtend.* Der läuft auf Zehen, wie der Versucher ...

JOHANNES HABUNDUS *hat sich über Rapunzel gebeugt, ihr leise zuflüsternd.* Johannes Habundus ist da ...

DER ALTE RASCHKE. Was wollen Sie denn überhaupt von dem Mädel? ... was wollen Sie denn von der Rapunzel? ...

RAPUNZEL *im Traume.* Erzähl' mir wieder die Geschichte, Großvater ... ich höre ...

DER ALTE RASCHKE. Die schläft nämlich gar nicht ... die ist wie der Großvater ... wenn die die Augen zumacht, da sieht die erst scharf ... denn nämlich ... wie ich's Ihnen grade sage ... mit einem Fuße stecken wir immer noch wieder in der Sünde und Schande ... ja ... ich sag's der Mutter immer ... der eine Sohn, den ich zuerst mit meinem Weibe hatte ... das ist ein Halunke ... ein Klotz ... ein Dieb ... hahahaha ... aber mit dem anderen Fuße ... ach was ... was geht das Sie an ... *Für sich.* Der Mann ... mit dem Manne könnte ich, weiß Gott, einmal ganz offen reden ... der sieht sehr lieblich aus ...

116 *Johannes Habundus steht in der Stubenmitte und blickt starr an die Decke.*

DER ALTE RASCHKE *ruft leise.* Rapunzel ... Rapunzel ...

RAPUNZEL *im Traume.* Erzähl' mir doch wieder die Geschichte, Großvater ... ich höre ...

DER ALTE RASCHKE. Wenn doch wenigstens Rapunzel aufwachte ... aber nein ... zu was auch ... sie muß morgen zeitig in der Fabrik sein ... da muß sie jetzt schlafen ... darauf habe ich immer gehalten ... und darauf werde ich auch heute halten ... ja ... *Wieder für sich.* Und werde tun, als wenn mich der Mann nichts anginge ... der Mann hat eine wunderbare Stimme ... und tut mir durchaus nichts ... wenn er sich hier umsehen will ... warum denn nicht ... da kann ich mich unterdessen auf die Bank hier legen ... denn ich habe die zwei Nächte im Amtsgefängnis nicht ein Auge zugetan ... *Er beobachtet den Fremden.* Nein, nein, nein ... hinlegen paßt sich jetzt nicht ... *Er prüft neugierig den Korb, den Johannes Habundus auf die Kiste gestellt hatte.* Und solche Ketten und Ringe hat dieser Mann auch ... vielleicht hat dieser Mann gar die schönen Sachen der Rapunzel zugesteckt ... wie schreit er immer? ... Johannes ... Habundus ... Johannes ... Habundus ... na da ... ach, du meine Güte ... gar Seine Erlaucht ein Graf ... nein ... das wäre doch nicht möglich ... werde du nur rapplig, alter Besenbinderschädel ... Versuchungen habe ich immer kräftig widerstanden ... Johannes ... Johannes ... tue, alter Grauschimmel von geplagtem Besenbinder, als wenn dich ein Johannes nichts anginge ... Seine Erlaucht, ein Graf ... und heißt Johannes Habundus ... reich genug säh der aus ... das Glück könnte dem schon begegnet sein ... nun also ... da werde ich mich doch nicht etwa jetzt auf die Ofenbanke strecken und schlafen ... wenn auch der Mann einstweilen durchaus nicht zu mir sprechen will ... wenn der Mann bloß immerfort zum Fenster 'nausstarrt ... starre nur zum Fenster 'naus ... ich gehe unterdessen zu meinem alten Stuhle hier ... und setz' mich ruhig nieder ... denn müde bin ich heute ... da mache ich für eine Weile ruhig meine Augen zu ...

Johannes Habundus steht noch immer abgewandt, zum Fenster hinausstarrend.

DER ALTE RASCHKE *macht die Augen sofort wieder auf. Scharf nach Johannes Habundus beobachtend.* Ich weiß nicht ... es wird mir sehr sausend zumute ... es wird mir sehr purzelig zumute ... richtig, als wenn auf einmal alles Kinder in dieser Stube wären ... ja ... als wenn ich zum Beispiel ein Kind von diesem feinen Manne wär' ... ach, Unsinn ... höchstens könnte ich doch der Vater zu dem feinen Manne sein ... Sohn ... oder Tochter ... oder Vater ... oder Mutter ... das ist von oben nach unten und von unten nach oben immer alles dasselbe ... nur ja ruhiges Gemüte und Geblüte jetzt ... also ... Johannes Habundus ... ich fühl's immer deutlicher in meinem Blute kreisen ... wart' nur, Bürschel ... *Er schwippt mit den Fingern.* Jetzt fängt's doch an, im alten Besenbinderschädel aufzugehen ... pst ... lassen wir den Grafen ruhig zum Fenster 'nausgucken, so lange er nicht in die Stube sehen will ... der Mann ist von selber hereingetreten ... der Mann hat so gütig zu mir geredet, als spräch' er zu seinem Vater ... mag der Mann jetzt mit sich auszumachen haben, was er will ... mag der feine Mann gesehen haben, daß wir noch immer mit einem Fuße in der Sünde und Schande stecken ... jajajajaja ... jetzt begreife ich die ganze Schikane ... jetzt sehe ich auf einmal ganz klar … das ist nämlich ein Johannes Habundus, den ich sehr genau kenne … also rühre ich mich nicht … fünfundsiebenzig Jahre hab' ich's ausgehalten … jetzt werde ich doch die zwei Minuten noch aushalten können … und wenn mein jüngster Sohn … der Johann … gleich Seine Erlaucht, ein Graf, wär' … und ich bin bloß der alte, armselige Besenbinder … da werd' ich ihn noch lange nicht bitten … und wenn's mich gleich schmeißt, als wenn jetzt die Glückseligkeit kein Ende mehr nähm … hahahahaha … ich bin und bleibe doch der Vater zu dem Grafen … und was ein guter Sohn ist, der wird schon von selber zum Vater kommen … hahahaha … 's ist der Johann … jetzt kenn' ich ihn ganz genau … 's ist der Johann … hahahaha … nun kann ich ruhig sitzen und warten … und auf meine Knie trommeln vor Ungeduld … der Korb ist von lauter goldenen Äpfeln voll … *Er hat tändelnd zwei goldene Bälle ergriffen, jeden in eine Hand.* Der Graf ist jetzt zu seinen Bettelleuten heimgekommen … die Sonne scheint wunderbar … ich bin schon wie im Traume … ich bin schon wie im Traume …

Achte Szene

Die feine, schneidende Totentanzmelodie wird wieder eine Weile aus dem Sturm lebhafter hörbar.

JOHANNES HABUNDUS *dreht sich langsam um. Blickt eine Weile versunken den ruhenden Alten an. Geht zögernd näher. Und flüstert dem Alten ins Ohr.* Johannes Habundus ist da …

Der alte Raschke rührt sich nicht mehr. Johannes Habundus steht noch eine Weile versunken. Dann ruft er leise und eindringlich.

Rapunzel … *Rapunzel schläft weiter.* Wach' auf, Rapunzel!

Neunte Szene

RAPUNZEL *reibt sich die Augen.* Ich bin wach ...
JOHANNES HABUNDUS. Erkennst du mich?
RAPUNZEL. Oh ja ...
JOHANNES HABUNDUS. Steh' auf, Rapunzel ...
RAPUNZEL. Wissen Sie denn, was uns passiert ist?
JOHANNES HABUNDUS *nickt und lächelt.* Du bist doch wieder hier ...
RAPUNZEL. Ja freilich ... die Beamten konnten doch nicht klug werden ... aber verraten hab' ich Sie nicht ... sind denn die anderen auch schon wieder hier?
JOHANNES HABUNDUS. Ja ...
RAPUNZEL *ist aufgesprungen.* Mein Gott ... der Großvater schläft? ... wie nur der Großvater wunderbar aussieht ... und mir ist auch gleich so wirblig zu Sinn, als wenn die ganze Welt verwandelt wär' ... zu was hat denn nur der Großvater die goldenen Bälle in der Hand? ... Großvater ... Großvater ...
JOHANNES HABUNDUS *zärtlich.* Rapunzel ... Unser alter Vater wird jetzt die goldenen Bälle brauchen, um auf den Paradieswiesen damit zu spielen ...
RAPUNZEL *in plötzlicher Aufregung, während die Totentanzmelodie heller klingt.* Jesus, Jesus ... der Großvater rührt sich ja nicht mehr ... der Großvater atmet ja nicht mehr ... *Sie starrt einen Augenblick verständnislos zu Johannes Habundus zurück.* Ist das **dein** Vater auch? *Dann zur Tür eilend.* Ihr Leute ... Ihr Leute ... *Sie hat die Tür aufgerissen und ruft ins Haus.* Johannes Habundus ist da ... Johannes Habundus ist da ...

Dann wendet sie sich langsam und zögernd zu Johannes Habundus zurück, mit immer aufgetaneren leuchtenden Augen.

Zehnte Szene

Die jungen Raschkes im Bett erheben sich langsam und starren entsetzt in die Stube. Die alte Raschke guckt zur Tür herein, auch entsetzt. Prinzessin Trull ebenfalls entsetzt. Alle mit ganz aufgeschreckten Gesichtern.

RAPUNZEL. Du Ausreißer ... du Rumtreiber ... du Wiederkommer ... du Glücksspecht ... Vater ... Vater ...

Wie Rapunzel Johannes Habundus in die offenen Arme stürmt, fällt die Szene schnell in Tiefdunkel. Aus dem Tiefdunkel taucht wieder wie im Anfang Motz Gothlas Gestalt mit seinem lächelnden, gütigen Totenkopf gegen ein Fensterkreuz sitzend und die Geige streichend auf. Und zu seiner feinen, schneidenden Totentanzmelodie fegen in seligen Runden, wie Schemen schwebend, Johannes Habundus Rapunzel im Arme vorüber.

Der Vorhang fällt.

Biographie

1858	*11. Mai:* Carl Ferdinand Max Hauptmann wird in Ober-Salzbrunn (Schlesien) geboren. Der ältere Bruder von Gerhard Hauptmann ist als Kind schwach und häufig krank. Bis zu seinem dreizehnten Lebensjahr verweilt er im Elternhaus.
1872–1883	Hauptmann besucht die Realschule in Breslau. Anschließend beginnt er ein Studium der Philosophie, Physiologie und Biologie in Jena. In dieser Zeit verfasst er die Erzählung »Sonnenwanderer«.
1883	Er promoviert Er promoviert zu dem Thema »Die Bedeutung der Keimblättertheorie für die Individualitätslehre und den Generationenwechsel« zum Dr. phil.
1884	Durch seine Heirat mit Martha Thienemann wird Carl finanziell unabhängig und setzt das Studium in Zürich fort, wo er Frank Wedekind kennen lernt.
1889	Mit der Übersiedlung nach Berlin verzichtet er auf eine wissenschaftliche Karriere in Zürich.
1891	Zusammen mit seinem Bruder lässt er sich in einem gemeinsam erworbenen Haus in Schreiberhau nieder.
1893	Er schreibt die »Metaphysik in der modernen Physiologie«; im folgenden Jahr das Drama »Marianne«.
1896	Es entsteht das dramatische Spiel »Waldleute«.
1899	Hauptmann verfasst sein nächstes Drama: »Ephraims Breite«.
1902	Dem Roman »Mathilde. Zeichnungen aus dem Leben einer armen Frau« folgen »Die Bergschmiede« und ein Jahr später »Des Königs Harfe«.
1905	Entstehung des Dramas »Austreibung«.
1907	»Einhart, der Lächler« ist ein Roman in zwei Bänden. In den kommenden Jahren werden die Dramen »Panspiele« (vier Einakter) und »Napoleon Bonaparte« verfasst.
1908	In zweiter Ehe heiratet Hauptmann die Malerin Maria Rohne. Mit ihr bekommt er Tochter Monona.
1909	Hauptmann unternimmt eine Vortragsreise nach Amerika.
1912	Hauptmann schreibt die Novellen »Nächte«.

1913	Den Erzählungen »Schicksale« folgen die Dramen »Die lange Jule« und »Krieg. Ein Tedeum«.
1916–1918	Arbeit an der Dramen-Trilogie »Die goldnen Straßen«.
1919	Hauptmann verfasst das »Rübezahlbuch« und das dramatische Spiel »Der abtrünnige Zar«.
1920	Ein Jahr vor seinem Tod werden die Erzählungen »Drei Frauen« geschrieben.
1921	*4. Februar:* Carl Hauptmann stirbt in Schreiberhau (Riesengebirge).

Erzählungen aus dem Biedermeier

Biedermeier - das klingt in heutigen Ohren nach langweiligem Spießertum, nach geschmacklosen rosa Teetässchen in Wohnzimmern, die aussehen wie Puppenstuben und in denen es irgendwie nach »Omma« riecht.

Zu Recht. Aber nicht nur.

Biedermeier ist auch die Zeit einer zarten Literatur der Flucht ins Idyll, des Rückzuges ins private Glück und der Tugenden. Die Menschen im Europa nach Napoleon hatten die Nase voll von großen neuen Ideen, das aufstrebende Bürgertum forderte und entwickelte eine eigene Kunst und Kultur für sich, die unabhängig von feudaler Großmannssucht bestehen sollte.

Georg Büchner Lenz **Karl Gutzkow** Wally, die Zweiflerin **Annette von Droste-Hülshoff** Die Judenbuche **Friedrich Hebbel** Matteo **Jeremias Gotthelf** Elsi, die seltsame Magd **Georg Weerth** Fragment eines Romans **Franz Grillparzer** Der arme Spielmann **Eduard Mörike** Mozart auf der Reise nach Prag **Berthold Auerbach** Der Viereckig oder die amerikanische Kiste

ISBN 978-3-8430-1884-5, 444 Seiten, 29,80 €

Erzählungen aus dem Biedermeier II

Annette von Droste-Hülshoff Ledwina **Franz Grillparzer** Das Kloster bei Sendomir **Friedrich Hebbel** Schnock **Eduard Mörike** Der Schatz **Georg Weerth** Leben und Taten des berühmten Ritters Schnapphahnski **Jeremias Gotthelf** Das Erdbeerimareili **Berthold Auerbach** Lucifer

ISBN 978-3-8430-1885-2, 440 Seiten, 29,80 €

Erzählungen aus dem Biedermeier III

Eduard Mörike Lucie Gelmeroth **Annette von Droste-Hülshoff** Westfälische Schilderungen **Annette von Droste-Hülshoff** Bei uns zulande auf dem Lande **Berthold Auerbach** Brosi und Moni **Jeremias Gotthelf** Die schwarze Spinne **Friedrich Hebbel** Anna **Friedrich Hebbel** Die Kuh **Jeremias Gotthelf** Barthli der Korber **Berthold Auerbach** Barfüßele

ISBN 978-3-8430-1886-9, 452 Seiten, 29,80 €